Parkour

Danksagung

An dieser Stelle möchte ich mich bei allen Menschen bedanken, die dieses Buch ermöglicht haben. Neben den vielen Fotografen und Sportlern, die ihr Fotomaterial und Wissen bereitgestellt haben, gilt dies vor allem für die Landesarbeitsgruppe Parkour in NRW des Westfälischen und Rheinischen Turnerbundes, die bei der Konzeption und der Erstellung der Inhalte entscheidend beteiligt war.

Des Weiteren gilt ein besonderer Dank dem Deutschen Turner-Bund e.V. (DTB), der dieses Werk in die Wege geleitet und finanziell unterstützt hat.

WO SPORT SPASS MACHT

PHILIPP HOLZMÜLLER

PARKOUR

DAS GROSSE **THEORIE-** UND **PRAXISBUCH**

MIT VIDEOS

Meyer & Meyer Verlag

Parkour

Bibliografische Information der Deutschen Nationalbibliothek
Die Deutsche Nationalbibliothek verzeichnet diese Publikation in der Deutschen Nationalbibliografie; detaillierte bibliografische Details sind im Internet über <http://dnb.d-nb.de> abrufbar.

© 2021 by Meyer & Meyer Verlag, Aachen
Auckland, Beirut, Dubai, Hägendorf, Hongkong, Indianapolis, Kairo, Kapstadt,
Manila, Maidenhead, Neu-Delhi, Singapur, Sydney, Teheran, Wien

 Member of the World Sport Publishers' Association (WSPA)

Gesamtherstellung: Print Consult GmbH, München

ISBN 978-3-8403-7754-9
E-Mail: verlag@m-m-sports.com
www.dersportverlag.de

Inhalt

Einleitung

Parkour, die einst rebellische Bewegungsform aus den Vororten Frankreichs, ist inzwischen zu einem festen Bestandteil der modernen Sportwelt gereift. Es spielt keine Rolle, ob selbstorganisiert auf der Straße, in der Schule oder im Sportverein: Parkour wird gelebt, geliebt und vermittelt. So ist die Disziplin inzwischen nicht nur fast jedem Teenager ein Begriff aus dem Unterricht oder dem Internet, sondern auch Pädagogen, Therapeuten und Sportwissenschaftlern.

Parkour: *Menschen, die allein mithilfe des eigenen Körpers versuchen, Hindernisse zu überwinden.* Eine simple Prämisse. Doch genau diese Einfachheit macht diesen Sport zu so einem zugänglichen und anpassungsfähigen Werkzeug in verschiedensten Anwendungsbereichen. Ob Persönlichkeitsentwicklung, Risikobewusstsein, Achtsamkeit, Kreativität oder Fitness – alles ist ein Bestandteil der Disziplin Parkour. Die Zielgruppe bestimmt den Mix.

Aus genau diesem Grund soll das vorliegende Buch als eine Art Werkzeugkasten dienen. Aufgebaut auf Hintergründen zur Geschichte und Philosophie, zu pädagogischen Grundlagen und Basics der Trainings- und Bewegungslehre, bis hin zu konkreten Ideen für die Praxis. Abgezielt auf eine selbstständige Erarbeitung des Themenfeldes für den eigenen Lehrrahmen, sollen auf diese Weise verschiedenste Zugänge ermöglicht werden.

Ob Sie Trainer im Sportverein, Lehrer in der Schule, Sporttherapeut oder „einfach" Athlet sind. Jeder darf sich seine Bausteine herauspicken und Parkour seinen individuellen Gegebenheiten anpassen können. Denn wenn es im Parkour um eine Sache geht, dann um Anpassungsfähigkeit!

Zielsetzung und Selbstverständnis des Buchs

Parkour ist vielfältig; Parkour ist anpassungsfähig; Parkour verändert sich. – Daher soll von vornherein herausgestellt werden, dass sich dieses Buch keinerlei Definitionsmacht zuschreibt. Die hier genannten Begriffe, Methoden oder Einschätzungen sollten daher nicht als allgemeingültig betrachtet werden, sondern als eine von diversen, jedoch bewährte Herangehensweise. Erarbeitet und erprobt wurde sie in vielen Jahren der Lehre und Vermittlung von verschiedensten Trainern in unterschiedlichsten Kontexten.

Basierend auf der Trainer-C-Lizenz „Breitensport Parkour" des Deutschen Turner-Bundes e.V. *(DTB)*, erarbeitet und geprüft von mehreren Arbeitsgruppen, zusammengesetzt aus Traceuren (d. h. Parkour-Läufern), Pädagogen und Verbandsmitarbeitern, bilden viele der dargestellten Kapitel somit die Quintessenz aus jahrelanger Praxiserfahrung der Szene ab.

Kombiniert mit einem regen Austausch innerhalb der Parkour-Community während des Schreibprozesses, liegt nun also ein Werk vor Ihnen, das vor allem eines sein soll: *authentisch* – mit viel Wert auf praxisnaher Terminologie, der realistischen Durchführbarkeit von Inhalten und einem hohen sportwissenschaftlichen Anspruch.

Dieses Buch versteht die Sportart Parkour daher besonders als breitensportliche, inklusive und wertorientierte Disziplin. Es soll eine Sportart dargestellt werden, die ihren Kern nicht in der reinen Performance von Bewegungen sieht, sondern ihre Stärken in der Selbstkonfrontation, Persönlichkeitsentwicklung und dem kritischen Umgang mit den eigenen Fähigkeiten erkennt. Parkour soll als Weg dargestellt werden, seinen Sportlern Mittel an die Hand zu geben, sich selbst auszudrücken, neue Wege zu entdecken und mit jeder Herausforderung zu wachsen – einerlei, ob Schüler, Patient oder Profi.

Denn nicht die Bewegungen definieren den Sport. Nein. Es sollte nicht darum gehen, einen vordefinierten Katalog an Moves zu erlernen, sondern vielmehr um das Suchen, Tüfteln und Meistern von Bewegungsaufgaben. Dazu werden zwar Techniken erläutert und vermittelt, um ein grundlegendes Bewegungsrepertoire aufzubauen, diese sollen jedoch nicht im Zentrum der hier vorgestellten Lehrphilosophie stehen. Der eine, wichtigste Zweck von Parkour liegt am Ende nämlich allein in der Freude an der Bewegung.

Folglich ist es der Zweck der folgenden Kapitel, Ihnen Parkour insoweit verständlich aufzubereiten, dass Sie selbst in die Lage gebracht werden, anregende, vielfältige und differenzierte Inhalte zu entwickeln, um genau diese Freude an der Bewegung in Teilnehmern zu wecken.

Damit dies gelingen kann, müssen zwei primäre Kompetenzfelder bearbeitet werden:

1. Wissen und Fähigkeiten eines Trainers sowie
2. Wissen und Fähigkeiten eines Traceurs.

Gemeinsam ergeben diese beiden primären Kompetenzfelder den Parkour-Trainer:

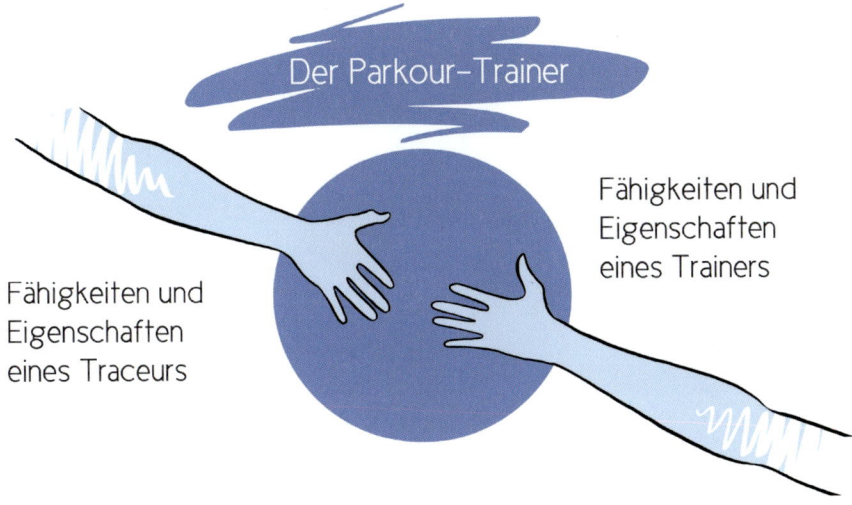

Der Parkour-Trainer

Fähigkeiten und Eigenschaften eines Trainers

Fähigkeiten und Eigenschaften eines Traceurs

Abb. 1: Die doppelte Expertise eines Parkour-Trainers

Die Wissens- und Fähigkeitsbereiche des Trainers und des Traceurs unterteilen sich zudem in Inhalte aus Theorie und Praxis. Denn so gehört das allgemeine Bewegungsverständnis eines Überwindungssprungs genauso zum Repertoire eines guten Lehrenden, wie auch das Grundverständnis über pädagogische Prinzipien und die allgemeine Gruppenführung. Nichtsdestotrotz kommen alle Beispiele und Szenarien auch in diesem Teil aus dem alltäglichen Parkour-Training.

Zwar muss nicht jeder Coach selbst der beste Athlet sein und nicht jeder Athlet der beste Pädagoge, aber ein grundlegendes Wissen sollte erwartet werden. Und wer weiß, vielleicht ist das eine oder andere ja doch noch neu und hilfreich!

In diesem Sinn: *Let's jump into it!*

© Andreas Wöhle

THEORIE

KAPITEL 1

Kapitel 1

GESCHICHTE UND DEFINITIONEN

„Ich fühle mich […] als Beschützer einer Methode, die ich geerbt habe."

David Belle im Interview mit Sébastien Foucan (2010)

Oft wird David Belle, von welchem dieses Zitat stammt, als Erfinder oder Begründer von Parkour bezeichnet. Er soll es gewesen sein, der aus kindlichem Spiel heraus seine eigene Sportart entwickelte, die er später *Parkour* nennen sollte. Doch die oben dargestellte Aussage zeigt, dass es bereits vor ihm etwas gegeben haben muss, das er hätte erben können.

- Wo also liegt der Ursprung?
- War David wirklich alleine?
- Was hat es eigentlich mit *FreeRunning* auf sich?
- Und welche Rolle spielt *James Bond* in der Entstehung einer Sportart?

All diese Fragen sollen im folgenden Kapitel beleuchtet und beantwortet werden. Denn eines ist sicher: Die Geschichte der Bewegungskunst ist in sich selbst eine bewegte.

1.1   Die „méthode naturelle"

Die „méthode naturelle" (dt.: *natürliche Methode*) wurde im frühen 20. Jahrhundert vom französischen Marineoffizier Georges Hébert (1875-1957) entwickelt und gilt heute weitläufig als Startpunkt des modernen Parkour.

Wie der Name bereits vermuten lässt, liegt der Kern der Methode im Training diverser Disziplinen natürlicher Bewegungen. Es spielt keine Rolle, ob Schwimmen, Klettern oder Springen: Der Mensch solle sich bewegen, wie es von der Natur eigentlich vorgesehen ist. Hébert selbst formulierte es so:

> *Ein ideales Trainingsziel sei es „in der vorgegebenen oder minimalen Zeit den Körper, ohne diesem zu schaden, solcher Dosis an körperlichen Belastungen und Aktivitäten auszusetzen, welche einem Tag in der freien Wildbahn gleichgesetzt werden kann."*

(Hébert, 1925, S. 3)

Hébert war dabei der Überzeugung, dass ein solches Training zu einer optimalen physischen Entwicklung des Menschen beitragen würde, und zudem auch Fähigkeiten wie Intelligenz, Mut oder Empathie positiv beeinflussen könne.

Die Fähigkeiten eines einzelnen Menschen würden somit dem Wohle seiner ganzen Gruppe dienen. Sie sollten nachhaltig sein, gesundheitsfördernd wirken, Stärken vermitteln und letztlich allgemein nützlich erscheinen. Diese altruistische Überzeugung manifestierte er schließlich im Grundsatz *„Être fort pour être utile"* (dt.: *sei stark, um nützlich zu sein*), der bis heute auch im Parkour-Sport noch lebt.

Die drei Grundsätze seiner „méthode naturelle" definierte Hébert letztlich so:

1. **physikalische Komponente:** Gehen, Rennen, Springen, Klettern, Tragen, Werfen, Balancieren, Selbstverteidigung, Schwimmen und Bewegung auf allen vieren;
2. **moralische Komponente:** Mut, Hilfsbereitschaft, Beharrlichkeit, Tapferkeit;
3. **energetische Komponente:** Ausdauer, Schnelligkeit, Kraft, Resistenz.

Seine Lehre entwickelte Georges Hébert, während er in der Marine diente und auf Schiffswegen verschiedenste Kulturen und Völker kennenlernte. Dabei bewunderte er vor allem die Athletik der Einheimischen und erkannte, dass diese auf natürlichem Wege durch Arbeit und Überlebenssicherung seinen Soldaten physisch überlegen waren.

Als er schließlich 1902 bei einem Vulkanausbruch auf der Insel *Martinique* allein eine Flucht koordinierte, die 700 Menschen das Leben retten sollte, verfestigten sich seine Sichtweisen zu einer eigenständigen Philosophie. Er studierte daraufhin das heimische Sportsystem und konzipierte seine eigene Trainingsmethode.

Als er in den darauf folgenden Jahren die Gesamtleitung der Körperausbildungen der Marineschule in Lorient, Frankreich, übertragen bekam, begann er, diese zu revolutionieren. Dabei löste seine Lehre die bisherigen wettkampforientierten Disziplinen ab. Nach anfänglichem Widerstand und Schmähungen sprachen die Ergebnisse aber schnell für Héberts *„méthode naturelle"*.

Zukünftig würde Hébert seine eigenen Hindernisse und *Parcours* entwerfen, in Reims (Frankreich) lehren und das französische Militärtraining auf Jahre hin prägen. Genau dieses sollte in den 1960er-Jahren dann schließlich einige Schüler dazu inspirieren, seine Gedanken weiterzuspinnen. Unter anderem Raymond Belle, den Vater von David Belle.

1.2   Aus Wald wird Stadt: Die Familie Belle

Die erste Schlüsselfigur der Familie Belle war *Raymond*, geboren 1939 in Indochina. Durch den dortigen Krieg von seiner Familie getrennt, lebte er erst bei seinen Onkeln, bis diese ihn mit sieben Jahren schließlich auf eine französische Militärschule schickten. Teil des Trainings dort waren die *„parcours du combattant"*, welche eine Weiterentwicklung von Héberts *„méthode naturelle"* darstellten und auf das Überleben in unwegsamem Gelände im Krieg hin abzielten.

Dieses versuchte Raymond zu perfektionieren, um die eigenen Chancen im Kampf zu verbessern. Er trainierte viel, ausdauernd und hart, bis er die Techniken zur Flucht schließlich perfektionierte. Als 1954 Dien Bien Phu fiel, wurde er zurück nach Frankreich entsandt.

In Europa widmete sich der von Krieg und Misshandlung gezeichnete Raymond der Feuerwehreinheit des Militärs, um mit seinen ungewöhnlichen Fähigkeiten Leben zu retten, anstatt es zu nehmen. Er gewann zahllose Auszeichnungen im Turnen und athletischen Wettkämpfen und galt als Mann mit herausragenden Fähigkeiten – aber auch als Mensch mit einer harten Schale.

Sein Sohn David sah ihn nur gelegentlich, da dieser mit seinen Großcousins hauptsächlich von den Großeltern aufgezogen wurde. Dennoch verehrte der junge David seinen Vater. Aufgewachsen mit den zahllosen Geschichten und Erzählungen eines superheldenhaften Mannes, saugte er alles Wissen auf, das er in den Besuchen bei Raymond erhaschen konnte.

Dieser nahm die Kinder vor allem gerne mit in den Wald von *Sarcelles* und forderte deren athletische Fähigkeiten durch vielfältige Bewegungsaufgaben und Spiele heraus. Er ermutigte sie, nicht vor der Angst zurückzuschrecken, sondern ihr mit Vorsicht zu begegnen, alle Untergründe zu ertasten und herauszufinden, wie man jedes Hindernis nutzen könne. Er erzählte ihnen von seinem Training, den *„parcours"*, und teilte seine Gesinnung mit ihnen.

Diese Grundeinstellung lag vor allem darin, Stärken nützlich einzusetzen, sowie auf eine Art und Weise zu trainieren, dass man jederzeit bereit ist, diese Stärken auch abzurufen. Ob ohne aufzuwärmen, in Alltagskleidung, auf mehreren Metern Höhe oder bei Nässe. Man solle jederzeit in der Lage sein, seine Fertigkeiten anzuwenden. Das Training war hart und schmerzvoll.

David, inspiriert von den Lektionen seines Vaters im Wald, war zu dieser Zeit vor allem in *Lisses* und *Évry*, nahe Paris, unterwegs. Dort aber überwog die urbane Architektur.

1.3   Vom Kinderspiel zu Schweiß und Blut

In Lisses und Évry regierten in den 1980er-Jahren die Gangkulturen und der praktisch orientierte Baustil. Kulturelle Diversität wurde in Sport und Religion kaum zugelassen und die Jugendlichen auf den Straßen beschäftigten sich in Zeiten ohne Internet vor allem mit sich selbst.

Auch der Freundeskreis um David, besonders Yann Hnautra, sein Cousin Châu Belle, Laurent Piemontesi oder Sébastien Foucan. Sie trainierten Kampfkünste, waren Turner oder Leichtathleten. Alle teilten jedoch das Gefühl, dass ihrem Training etwas fehlen würde.

Die Methoden, die sie von Raymond kennengelernt hatten, übertrugen sie anfangs nur auf einige Mutproben oder Spiele, die dem Spiel „Der Boden ist Lava" ähneln[1]. Mit der Zeit jedoch wurde aus den Spielen mehr und mehr ein ernst zu nehmendes Training. Angetrieben von Yann Hnautra, einem von Davids engsten Kameraden, begannen sie, die örtlichen Strukturen zu beklettern, sich immer neue Routen zu erarbeiten und Bewegungsmuster zu erfinden und auszutauschen. Allen voran an der *Dame du Lac.*

© Martin Wille

Abb. 2: Die Dame du Lac in Lisses

---

1   Kinderspiel, bei welchem der Boden nicht berührt werden darf, sodass man springen und klettern muss.

Jeder für sich begann, eigene Trainingsschwerpunkte zu finden: Ob inspiriert von den klassischen Fluchttechniken Raymonds, angelehnt an turnerische Fertigkeiten oder als Selbstausdruck. Für alle ging es jedoch letztlich um Herausforderung, Stärke, Mut und Willenskraft.

Sie testeten ihre Grenzen aus, nur um zu sehen, wie weit sie gehen konnten: Sie joggten nach Paris und zurück (ca. 30 km pro Weg), liefen kilometerweise auf allen vieren oder sprangen von Sonnenauf- bis Sonnenuntergang auf einem Bein, hingen an immer dünneren und höheren Kanten – nur um zu sehen, ob sie es schaffen würden. Sie bluteten, schwitzten und kämpften zusammen.

David selbst sagte später, dass das *„parcours"*-Training damals ein Training für Kämpfer war; dass man weinen würde. Seinen Wehrdienst im Militär verglich er im Gegensatz zum eigenen *„parcours"* mit einem „Freizeitpark" (Angel, 2011, S. 17).

Sie hatten das Ziel, Lösungen für die härtesten Probleme zu finden: einerlei, ob physisch oder psychisch. Entgegen dem Zeitgeist wandten sie sich dafür nicht Drogen oder Gewalt zu, sondern versuchten, sich durch eisernes Leiden selbst zu stählen – um Superhelden zu werden.

1.4 Die Yamakasi

Etwa 10 Jahre, nachdem die Gruppe begonnen hatte, zu trainieren, erlangten sie Mitte der 1990er-Jahre erste Aufmerksamkeit in den lokalen Medien. 1997 schließlich lud Davids Bruder die Freunde nach Paris ein. Dort sollten sie bei einer Demonstration der örtlichen Feuerwehrleute eine kleine Show inszenieren und ihre Fertigkeiten der breiten Öffentlichkeit vorstellen: Sie nannten sich *Yamakasi*. Übersetzt aus dem Lingala, einem zentralafrikanischen Dialekt, bedeutet das so viel wie: „starker Geist, starker Körper, starke Person".

Zudem begann Sébastien Foucan in diesem Kontext den Begriff *„l'art du déplacement"* – „die Kunst der Fortbewegung" – als den ersten Namen der Sportart der Freundesgruppe zu nutzen. Erste Filmaufnahmen wurden an das französische Fernsehen gesandt, um auf die Vorstellung aufmerksam zu machen.

Als nun ein weiteres Angebot für eine Show in einem Musical die Gruppe erreichte, gelangte der einstige Freundeskreis an einen Scheidepunkt. Besorgt darum, dass ihr Training in der Öffentlichkeit eher zu einer Akrobatiksensation verkommt, als dass es den wahren kämpferischen Geist der Disziplin darstellt, entschieden sich David Belle und Sébastien Foucan, die Yamakasi zu verlassen und sich individuell eigenen Projekten zu widmen.

Dabei wollte Sébastien Foucan ein Coach werden und die Sportart weiterentwickeln und lehren, wohingegen David den Begriff *Parkour*, als eine Art Eigenmarke, für sich prägte. Diesen nutzte er, um seine Trainingslehren zu propagieren und zu vermarkten. Dabei hielt er sich strikt an die Lehren seines Vaters und teilte sein Wissen ausschließlich mit wenigen, handverlesenen Schülern. In einer Diskussion mit diesen fiel dann erstmals auch der Begriff *Traceur* (weiblich: *Traceuse*). Das bedeutet „der/die eine Linie geht" und wird bis heute als Fachbegriff für Parkour-Läufer verwendet.

Die übrigen sieben Yamakasi hingegen hielten weiter am Begriff „*l'art du déplacement*" fest. Nicht nur, um aus persönlichen Gründen nicht zu stark mit Davids eigenen Plänen vermischt zu werden, sondern vor allem, um sich von dessen familiär in Ungnade gefallenen Vater, Raymond, zu distanzieren. Diesem wurden schwere Vorwürfe in Bezug auf dessen Nichte gemacht. David hielt ihm aber weiter die Treue.

Aber auch eigenständig, ohne David und Sébastian, sollten sie ihre Lehren weiterverbreiten, diese in einem selbstgegründeten Verein unterrichten und sie in Kino- und Dokumentarfilmen festhalten.

Trotzdem, entgegen aller Differenzen und Unterschiede, hatten immerhin ihre Trainingsstile stets etwas gemeinsam: eine Philosophie hinter der Bewegung.

1.5 Großbritannien, James Bond und YouTube®: Die Verbreitung von Parkour

Alle Mitglieder der ursprünglichen Gruppe verfolgten in den nächsten Jahren eigene Ziele, nutzen ihre Fertigkeiten aber vermehrt für Auftritte in Filmen, Fernsehproduktionen oder Werbevideos. Die wohl einflussreichsten Auftritte und Auslöser für den zukünftigen Boom des Parkour-Sports waren aber wohl die im englischen Fernsehsender *Channel 4* ausgestrahlten Dokumentationen *Jump London (2003)* und *Jump Britain (2005)*.

Beide Filme verfolgten Sébastien Foucan als Kopf einer Gruppe von Traceuren, die entweder in London (2003) oder in ganz Großbritannien (2005) ihre noch unbekannten Fähigkeiten an den bekanntesten Sehenswürdigkeiten der Nation anwandten. Die etwa 60-minütigen Sendungen begleiteten die Gruppen dabei vom Kreieren ihrer Läufe bis hin zum finalen Sprung und beleuchteten in kleinen Interviews auch Hintergründe zum neuen Phänomen. In diesem Kontext übersetzte Sébastien Foucan auch den Begriff des „*l'art du déplacement*" frei ins Englische und prägte so fortwährend den Begriff *FreeRunning* (dt.: *freies Laufen*).

1

In Reaktion auf diese in England völlig neuartige Form der Bewegungskunst zog es plötzlich hunderte Jugendliche nach draußen, welche versuchten, Sprünge aus der Dokumentation nachzuahmen und selbst zu comichaften Superhelden zu werden. Der Sport wurde immer populärer und verbreitete sich rasant.

Nur ein Jahr nach *Jump Britain* (2005) folgte dann der endgültige Durchbruch der französischen Trainingsart. Wieder war es Sébastien Foucan, der die Hauptrolle spielte – wenn auch nur in einer Nebenrolle im Skript.

In Martin Campbells *James Bond 007: Casino Royale* (2006) wird Foucan vom Filmhelden James Bond persönlich durch eine Baustelle gejagt und entkommt dem Superspion lange mit spektakulären Sprüngen. Parkour erreichte daraufhin seinen vorläufigen Zenit an medialer Aufmerksamkeit und weltweiten Suchanfragen.

Mitgetragen von der 2005 gegründeten Videoplattform *YouTube*®, auf der nun auch die ersten privaten Parkour-Videos geteilt werden konnten, verbreitete sich der Sport schließlich rasant durch die Welt. Tatsächlich könnte man behaupten, dass Parkour eine der ersten Sportarten überhaupt war, die letzlich durch die (sozialen) Medien aus der Taufe gehoben worden ist. Schnell bildete sich eine erste, kleine Szene aus Begeisterten.

1.6   Parkour heute

Inzwischen hat sich die einst eiserne Trainingsdisziplin aus Frankreich zu einem weltweiten Phänomen entwickelt. Selbstverständlich haben sich Bewegungsmuster über die Jahre hin verfeinert und etabliert, neue Ideen und Ansätze wurden mit den Ursprüngen vermischt und ganz neue Spielformen sind aus den Ideen der Vergangenheit entwachsen. Dennoch ist die Quintessenz geblieben: Körper und Geist sollen durch Bewegungsherausforderungen gestärkt und in Einklang mit sich selbst und der Umwelt gebracht werden.

Doch anders als noch in den 1980er-Jahren in Lisses oder Évry steht heute nicht mehr ein Kämpfertraining, sondern besonders die kreative Entwicklung und die Selbstverwirklichung im Zeitgeist der Disziplin. Selbstentfaltung und das Entdecken neuer Wege und Möglichkeiten bilden dabei aber bis heute die zentralen Motive.

Inklusivität und Diversität, ungeachtet der sozialen Herkunft, wie sie damals die Yamakasi forderten, Gemeinschaft und Freundschaft, sowie Wettkampflosigkeit und Hilfsbereitschaft, wie Raymond Belle oder Georges Hébert sie lehrten, leben aber noch immer!

© Benni Grams

Abb. 3: Eine Gruppe von Traceuren bei der „Ashigaru Skillz Competition"

Begünstigt durch die sozialen Medien, vereinfachte Reisebedingungen und günstigere Transportmöglichkeiten, hat sich die Parkour-Welt heute zudem zu einer großen, teils globalen Gemeinschaft zusammenfinden können. So teilen Traceure ihre Videos und Bilder weltweit mit Gleichgesinnten, tauschen sich über aktuelle Strömungen aus, organisieren eigene Events und kreieren sich eine fortwährend eigenständige und authentische Kultur der Offenheit und Bewegungsfreude.

Kleidungsmarken[2], Filme[3] und Wissenschaftskongresse[4] – die Athleten engagieren sich und gestalten, wo sie können. Finanziert von eigenen Gewinnen oder gefördert durch Sponsoren, beginnen zudem auch erste Athleten, ihr Hobby zum Beruf zu machen.

Strömungen und Chancen, die sich David Belle und die Yamakasi zu Beginn wohl niemals erträumt hätten. Ungeachtet, ob *Parkour*, *FreeRunning* oder *l'art du déplacement*.

---

2   *Zum Beispiel: Storror, Farang, The Motus Projects oder OHANA.*

3   *Zum Beispiel: **Roof Culture Asia** (2017); **Sole Destroyer – A Parkour Film** (2020)*

4   *Zum Beispiel: Art of Retreat.*

1.7   Definitionen

Durch die Geschichte der Sportart – geprägt von Freundschaften, sich trennenden Wegen und eigenen Interpretationen der Gründergeneration – haben sich über die Jahre verschiedene Begriffe und Definitionen um die Bewegungskunst herum gebildet. Zwar mögen diese für einen Außenstehenden quasi identisch oder ihre Unterschiede nur marginal erscheinen, historisch und kulturell ist ihre Differenzierung jedoch von großer Bedeutung.

Aus diesem Grund sollen im folgenden Kapitel die drei ursprünglichsten Begriffe, *l'art du déplacement*, *Parkour* und *FreeRunning* noch einmal differenziert vorgestellt werden. Am Ende wird den dreien schließlich eine *vierte* Interpretation hinzugefügt, welche als grundlegendes Fundament für die Lehre der Bewegungskunst in diesem Buch betrachtet werden kann und die Kernelemente der traditionellen Definitionen für die Anwendung verständlich herunterbrechen soll.

1.7.1   L'art du déplacement

L'art du déplacement (auch: *ADD*) ist der ursprünglichste Begriff für die Fortbewegungskunst und wurde von Sébastien Foucan erdacht. Selbst nachdem sich David Belle und Foucan von den Yamakasi abwandten, blieb der Begriff bei den anderen Gründungsmitgliedern haften. Sie entwickelten ihn zum Überbegriff ihrer Lehren und propagierten unter ihm bis heute eine inklusive, mitbestimmte und individualisierte Trainingsart, die weniger radikal war, als David Belle sie anstrebte.

Zentral für *ADD* steht dabei die Zielsetzung, dass der Athlet nicht nur ein Sportler ist, sondern eine Denkweise entwickelt, die ihn zu einem aktiven Teil der Umwelt werden lässt. Einer Umwelt, die er auf positive Art und Weise für sich und andere nutzen kann. Kurz zusammengefasst, könnte eine Definition also wie folgt lauten:

> *„L'art du déplacement ist eine Bewegungsform, in der versucht wird,*
> *sich der eigenen Umwelt (wieder) anzunähern*
> *und sie (wieder) nutzen zu lernen, indem man seinen Körper*
> *in Bezug zu ihr, ihrer Natur und ihren Menschen bewegt."*

(frei übersetzt von: Art du Deplacement Academy, 2015)

Bis heute lehren vier Athleten der ersten Yamakasi-Generation die Kunst der Fortbewegung in eigenen Schulen auf der ganzen Welt.

1.7.2   Parkour

Der Begriff **Parkour** (auch: *PK*) beruht auf dem französischen Begriff *parcours* (dt.: *Hindernislauf*). Dieser beschrieb zu Anfang lediglich sachlich die Trainingsinhalte aus Georges Héberts *„méthode naturelle"* oder den *„parcours du combattant"* aus dem französischen Militärtraining. Seine neuartige Schreibweise hingegen wurde erst Ende der 1990er-Jahre von David Belle ins Leben gerufen, nachdem er die Yamakasi verlassen hatte, und beruht auf einer Idee von Hubert Koundés, einem seiner Schauspielerfreunde, bei dem er Unterricht nahm.

Durch die Differenzierung vom bis dato verwendeten Begriff *l'art du déplacement* versuchte David vor allem, den Geist der Disziplin zu bewahren, welchen er vorrangig bei den Lehren seines Vaters sah.

Hartes, effizientes und auf Nützlichkeit ausgelegtes Training stand im Zentrum seines Parkour-Begriffs. Eine kurze und prägnante Definition des ursprünglichen Parkour könnte also wie folgt lauten:

> *„Parkour bezeichnet eine ganzheitliche Trainingsmethode, bei der der Traceur (dt.: der, der eine Linie zieht; Parkour-Läufer) nur mithilfe des eigenen Körpers versucht, möglichst effizient von Punkt A nach Punkt B zu gelangen."*

Dabei beschreibt der Begriff **Effizienz** in diesem Kontext vorrangig ein schnelles und kraftsparendes Handeln des Athleten, während die **Ganzheitlichkeit** des Trainingsbegriffs sich auf die Komponenten der Physis und der Psyche konzentriert. Zentral in der klassischen Definition steht somit eine gewisse Zielstrebigkeit und das klare Verlangen nach einer disziplinierten Auseinandersetzung mit sich selbst und seiner Umwelt.

1.7.3   FreeRunning

Das **FreeRunning** (auch: *FR*) ist die aktuellste Interpretation der ursprünglichen Bewegungskunst und wurde 2003 von Sébastien Foucan in der Dokumentation *Jump London* (2003) erstmalig verwendet. Zu Beginn sollte der Begriff lediglich als freie Übersetzung von *l'art du déplacement* dienen, wurde aber schließlich von Foucan zum Überbegriff für sein Verständnis der Disziplin weiterentwickelt.

Ähnlich wie die anderen Yamakasi, welche ADD prägten, versteht er FreeRunning als inklusive Aktivität (Foucan, 2008). Persönlich fokussiert er sich aber zunehmend auf die Facetten des Selbstausdrucks und der Kreativität.

1

In seinem Buch *FreeRunning: Find your way* (2008) beschreibt Foucan FreeRunning gar als Lebensphilosophie und weniger als reine Sportart. Er sieht darin eine Denkweise, sich mit seiner Umgebung auseinanderzusetzen und diese in Kombination mit Bewegung zu einem individuellen Ausdrucksmittel zu formen. Eine an Foucans Sichtweisen angelehnte Definition könnte folglich lauten:

„FreeRunning ist die Kunst, sich durch Bewegung frei in seiner Umwelt selbst auszudrücken. Dabei geht es um die Einheit von Körper, Geist und Umgebung."

(frei übersetzt aus: Foucan, 2008, S. 8)

1.7.4 Definition für die Lehre

Zwar unterscheiden sich die oben vorgestellten Definitionen in einigen Facetten oder legen ihre Schwerpunkte auf verschiedene Nuancen, auf der anderen Seite verbindet sie auch viele Gemeinsamkeiten. Damit ist nicht nur ihr gemeinsamer Ursprung gemeint, sondern auch fundamentale Grundsätze, in denen sich die Pioniere überwiegend einig waren.

Allen voran das Wissen darüber, dass *Parkour, l'art du déplacement* oder *FreeRunning* niemals auf ihre physische Komponente reduziert werden könnte. Alle drei stellen die mentale Ausbildung des Geistes ins Zentrum ihrer Bewegungslehre.

Das Training sollte folglich dazu dienen, über physische Reize psychische Veränderungen hervorzurufen; einerlei, ob in Bezug auf Mut, Selbstausdruck, Altruismus, Anpassungsfähigkeit oder Willenskraft. Bewegungen wurden aus allen möglichen Kontexten für Parkour zweckentfremdet, dienten sie der Lösung eines Problems. Dieses Detail wird jedoch weitläufig übersehen oder missachtet.

Des Weiteren fällt eine Differenzierung in die oben beschriebenen Subkategorien in der Praxis oft schwer. Im Training vermischen sich die Zielsetzungen der Athleten ständig und sind nicht immer trennscharf zu definieren. Verbunden mit der medialen Darstellung, in welcher sich der Begriff *Parkour* am stärksten durchsetzen konnte, wurde so ein Wirrwarr aus Definitionen, Meinungen und Darstellungen geschaffen, wobei Außenstehende kaum mehr einen klaren Durchblick erhalten können.

Um also aus dieser Zwickmühle zu entfliehen und eine für das vorliegende Buch stringente Nutzungsweise der Begriffe zu erreichen, wird in den folgenden Kapiteln allein der Begriff **Parkour** genutzt. Dieser hat sich am weitesten verbreitet und zum Überbegriff der Sportart entwickelt.

Zweifelsohne werden die Eigenständigkeit und Unterschiede der Subdisziplinen an dieser Stelle respektiert und anerkannt. Um dem modernen Zeitgeist jedoch gerecht zu werden, und auch für die Lehre eine etwas leichtere Definition anzubieten, soll der Begriff Parkour im Kontext dieses Buchs wie folgt verstanden werden:

> *„Parkour beschreibt eine Trainingsform, in welcher versucht wird,*
> *Bewegungsherausforderungen in der Umwelt zu finden*
> *und allein mithilfe des eigenen Körpers zu meistern."*

Diese, tatsächlich sehr offene, Definition von Parkour legt ihren Schwerpunkt primär auf den Begriff der Herausforderung. Welche Form von Herausforderung das nun individuell ist, ob technisch, kreativ, effizient oder mental, ist in erster Linie dem Athleten und den Möglichkeiten in seiner Umgebung überlassen. Bewegungen als solche sind somit eher ein Mittel zum Zweck der Lösungsfindung, als dass sie einem konkreten Anwendungsbereich unterzuordnen sind.

Des Weiteren schließt diese Definition das Finden von eben solchen Herausforderungen mit in ihr Verständnis von Parkour ein. Dieses steht zwar dem ersten Anschein nach in direktem Konflikt mit der klassischen Sichtweise, dass Parkour auf Anpassung an die Umwelt und Bewegung somit als Reaktion auf diese versteht, nimmt aber die aktuellen Strömungen der Szene, und auch das Verständnis des *FreeRunnings* und *ADD* mit in sich auf.

Ähnlich wie damals die Familie Belle im Wald von Sarcelles von ihrem Vater Raymond dazu aufgefordert wurde, sich intensiv mit den Begeben- und Beschaffenheiten der Hindernisse auseinanderzusetzen, ebenso versteht sich die Suche nach Herausforderungen als erster Schritt eines später anpassungsfähigen Denkprozesses; denn Adaption bedingt Kreativität. Nur wer verschiedene Möglichkeiten sieht, kann seine Möglichkeiten auch effizient zu nutzen lernen.

KAPITEL 2

Kapitel 2

PHILOSOPHIE UND WERTE

Wie einem beim Lesen der Geschichte des Parkour-Sports bisher schon aufgefallen sein dürfte, ging es schon von Beginn an um mehr, als nur die reine Bewegung. Oftmals fällt dabei der Begriff einer Philosophie, eines Hintergrundgedankens, der als Grundlage einer bestimmten Trainingslehre dienen, und als wichtiger als ihre physischen Merkmale betrachtet werden sollte.

So ging es bei Georges Héberts *„méthode naturelle"* um den Rückschritt zu natürlichen Bewegungsformen, wo hingegen Raymond Belle die bedingungslose und variable Verfügbarkeit seiner Techniken in den Vordergrund stellte. Das moderne Parkour geht letztlich noch einen Schritt weiter und fügt den bisherigen Modellen die Wiedergewinnung des urbanen Raums und das kalkulierte Spiel mit der Herausforderung hinzu.

Aber nicht nur eine Grundphilosophie hat die Disziplin letztendlich geprägt, sondern vor allem die **Werte**, nach welchen die Traceure versuchen, ihre Sportart auszuleben und zu vermitteln. Denn, angelehnt an ihre Erfahrungen im Frankreich der 1980er-Jahre und inspiriert von ihren Vorbildern aus dem Kampfsport oder den Comics, die sie lasen, entwickelten die Yamakasi ihr eigenes Gedankengut.

© Zbigniew Tomasz Kątkiewicz

Abb. 4: Parkour lebt vom Austausch, wie hier bei einem Workshop von „Esprit Concrete".

Besonders beeinflusst wurden sie dabei wohl von ihrem Gefühl der Stärke, das ihnen die Gemeinschaft und Freundschaft verliehen hatte. Folglich entwickelten sich vor allem Inklusivität und eine tendenziell wettkampffreie Atmosphäre zu Kernaspekten ihrer Lehre.

Heute ermöglichen es uns genau diese Maximen und Gedanken, eine nicht nur physisch spannende Sportart zu präsentieren, sondern noch parallel dazu soziale Themen, wie Gemeinschaft, Respekt oder Bescheidenheit, mit zu adressieren.

2.1   Die Werte im Parkour

Grundsätzlich entstehen die Werte einer Sportart aus den übergeordneten Überzeugungen ihrer Ausübenden. Sie dienen dabei als Ideale und Leitideen, die beschreiben, wie die Sportler handeln, denken und miteinander umgehen bzw. kommunizieren möchten.

Im Parkour haben sich die Traceure dabei viel von den asiatischen Kampfkünsten abgeschaut sowie die damaligen Strömungen von Gesellschaft und Politik mitadressiert. Entgegen der vorherrschenden Spaltung von Religion, Nationalitäten und Gesellschaftsklassen stellten die Jugendlichen Offenheit, Selbstbestimmung und Gemeinschaft in den Fokus ihres Umgangs. Sie wollten gegen Regeln, Rangordnungen und das reine Leistungsprinzip rebellieren.

Dabei dienten ihnen die Philosophien von Hébert und Raymond Belle als Ausgangspunkt, welche die körperliche Herausforderung als Mittel zur Persönlichkeitsschulung und Stärkung der eigenen Fähigkeiten betrachten. In diesem Kontext hielten sie Wettkämpfe, Vergleiche und die generelle Selbstdarstellung folglich für obsolet. Gegenseitige Hilfe, Bescheidenheit und das Vertrauen in sich und seine Trainingspartner rückten in ihren Fokus.

Tatsächlich lässt sich beobachten, dass das Befolgen und Einstehen für gewisse Werte auch die Kompetenzen von Anhängern des Parkour-Sports beeinflusst. So werden beispielsweise besonders kreative, in ihren Bewegungen sichere und generell offene und hilfsbereite Persönlichkeiten wertgeschätzt. Da auf diese Art und Weise eine Subkultur entsteht, in welcher gewisse Handlungsweisen und Ideale bestärkt oder auch kritisiert werden, streben viele der Anhänger folglich nach den in ihrem Umfeld akzeptierten Idealen.

Besonders eindrucksvoll zeigen das Beispiele aus Krisengebieten oder aus sozial angespannten Regionen. Hier begannen Menschen, die sich für Parkour begeistern konnten, ihre zerstörte Umgebung plötzlich nicht mehr nur als Trümmer zu betrachten, sondern interpretierten diese als Trainingsorte und Stätten der Selbstentfaltung und Möglichkeiten.

2

Die gemeinsame kreative Interpretation erlaubt es, politische Differenzen weichen zu lassen und so vereinte Ziele zu verfolgen und die Ideale des Parkour-Trainings zu stärken. Dabei fördert vor allem die Wettkampflosigkeit der Disziplin ein kooperatives Verhalten.

Abb. 5: Helfen, statt gewinnen; wie hier bei einem Training von ParkourONE

Dennoch fungieren Werte nicht einfach so als Friedensboten oder Heilsbringer. Sie können nicht wahllos über jeden Menschen oder jedes Angebot übergestülpt oder erzwungen werden, sondern müssen organisch entstehen sowie praktisch ge- und erlebt werden können. Das Verfolgen eines Wertideals kann also erst dann einsetzen, wenn sein Sinn verstanden und als persönlich wünschenswert empfunden worden ist. Folglich stehen sie in einer ständigen Wechselwirkung mit der gelebten Praxis.

Demzufolge ist es unabdingbar, dass die Parkour-Sportler sich selbst, ihre Motivationen und Handlungen jederzeit hinterfragen, sowie, dass sie das Verhalten der anderen Sportler um sie herum ständig beobachten und diskutieren. Missstände, wie Rassismus oder Sexismus, müssen daher auch innerhalb der Parkour-Szene immer wieder aufgedeckt und thematisiert werden.

Ob in den Kommentaren unüberlegter Social-Media-Posts, in gemeinsamen Trainingssessions oder auf größeren Veranstaltungen – die Sportler und Sportlerinnen müssen gemeinsam für die gleichen Ideale einstehen und diese kommunizieren. Nur so bleiben Werte bestehen und nur so können sie sich zeitgemäß mit den Strömungen der Gesellschaft auseinandersetzen und daran wachsen.

2.2 Ein Wertemodell

Um die grundlegenden Parkour-Werte für Außenstehende und Novizen greifbar zu machen, haben sich in den letzten Jahren verschiedene Parkour-Organisationen damit beschäftigt, sie in verständlichen Darstellungen abzubilden. Durchgesetzt hat sich dabei vor allem das **Fünf-Finger-Modell** von *ParkourONE*, einem der ältesten kommerziellen Parkour-Anbieter Deutschlands. Hier dient eine Hand als metaphorische Illustration der zentralen Wertbegriffe.

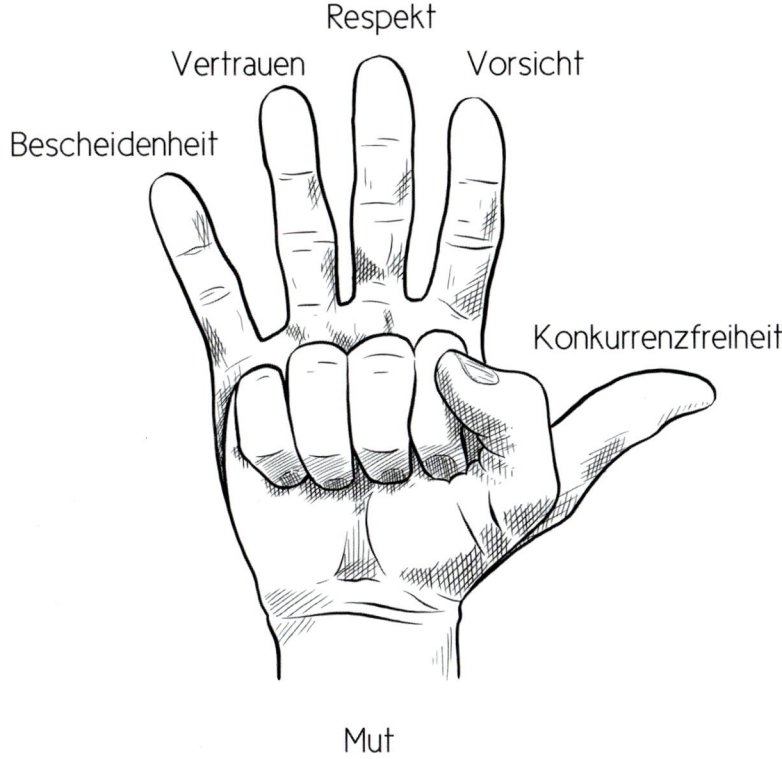

Abb. 6: Das Fünf-Finger-Modell von ParkourONE (basierend auf Widmer, 2016, S. 11)

Der Daumen: Konkurrenzfreiheit

Der Ursprung von Parkour liegt in der *„méthode naturelle"* und ihrem Leitspruch *„être fort pour être utile"*. Schon zu dieser Zeit wurde die gegenseitige Hilfe dem Wettkampf übergeordnet. Dabei sollen sich Teilnehmer in einem konkurrenzfreien Raum besser entfalten und ausleben können. Es soll kein gut (Daumen hoch) und kein schlecht (Daumen runter) geben. Jeder ist willkommen. Erlaubt ist, was funktioniert.

2

Der Zeigefinger: Vorsicht

Sicherheit ist unabdinglich. Folglich sind Riskobewusstsein und -einschätzung zentrale Kompetenzen eines gewissenhaften Traceurs. Eine korrekte Selbsteinschätzung sowie ein geschultes Auge für Umgebung und Situation müssen daher ständig trainiert werden.

Der Mittelfinger: Respekt

Respekt ist im Parkour in Bezug auf drei Bereiche anwendbar:

Respekt gegenüber *sich selbst* bedeutet vor allem ein regelmäßiges und nachhaltiges Training. Der Körper sollte gefordert, aber vor Verletzungen und Überlastungen geschützt werden.

Ähnlich wie der Körper, sollte aber auch die *Umwelt* sorgfältig behandelt werden. So sollte das Training keinerlei Spuren hinterlassen und niemals zu Zerstörung führen.

Letztlich gilt es zudem, die *Mitmenschen* zu respektieren, sowohl Passant als auch Trainingspartner. Empathie und Rücksicht führen zu einer größeren Akzeptanz und Trainingsfreude.

Der Ringfinger: Vertrauen

Das Vertrauen in sich selbst und seine Fähigkeiten ist die Grundlage der Selbstwirksamkeit. Nur wer selbstbewusst an die eigenen Stärken glaubt und sich seiner Schwächen bewusst ist, kann sich immer neuen Hindernissen stellen und lernen, an ihnen zu wachsen.

Der kleine Finger: Bescheidenheit

Im Parkour gibt es immer eine nächste, noch schwerere Herausforderung. Man kann Parkour nicht „können"! Entsprechend demütig sollten Traceure mit ihren Fähigkeiten nicht hausieren gehen, sondern sie eher dazu nutzen, andere auf deren Weg zu unterstützen und diese an ihren eigenen Erfahrungen teilhaben lassen.

Die Faust: Mut

Als Symbol des Greifens vereint die Faust alle Werte. Sie soll dafür stehen, „sein Leben selbst in die Hand zu nehmen" (Widmer, 2016, S. 11) und durch Parkour sein Handeln und seine Umwelt besser begreifen zu können. Weiter steht sie für den Mut, eigene Entscheidungen zu treffen und dazu zu stehen.

2.3 Die Werte in der Praxis

Nachdem der Begriff der Werte nun vorgestellt und anhand eines Modells veranschaulicht worden ist, bleibt nun aber die Frage, wie Organisationen und aktive Traceure diese Werte in ihrem Trainingsalltag tatsächlich erleben oder sie dort hinein zu übertragen versuchen. Um dies beispielhaft zu beantworten und mit Leben zu füllen, hier einige kurze Gastbeiträge aktiver Parkour-Sportler:

Parkour für alle!

von Ihab Yassin[5]

„Als ich das erste Mal mit Parkour in Kontakt kam, war es für mich eine Sportart, die etwas Cooles an sich hatte und bei der ich mir dachte: ‚Ja, so etwas möchte ich auch machen!' – Jetzt, nachdem ich den Sport seit knapp neun Jahren selbst betreibe, hat sich meine Sichtweise darauf aber grundlegend geändert:

© Jason Paul

Heute ist Parkour für mich eine Lebenseinstellung. Die Erfahrungen, die ich im Parkour sammeln konnte, konnte ich dazu nutzen, um sie auf Herausforderungen meines Alltags zu übertragen. Was mir dabei besonders gefällt, sind die individuellen Bewegungsstile, die jeder Athlet in der Szene besitzt; dass jeder Traceur einzigartig ist. Dadurch habe ich das Gefühl bekommen, dass ich als Mensch mit Behinderung endlich das erreichen konnte, was ich schon immer wollte: dass Leute sehen, zu

2

---

5   *Ihab Yassin war Deutschlands erster kleinwüchsiger Traceur und ist ein weltweit bekanntes Vorbild für Menschen mit Behinderungen im Parkour-Sport.*

was Menschen mit Handicap in der Lage sind! Nicht mehr nur auf die Behinderung reduziert zu werden.

Aber auch die Offenheit, die im Parkour gelebt wird, ist ein Grund, warum ich diesen Sport lebe und liebe. Jeder Mensch wird herzlich aufgenommen und vom ersten Training an unterstützt. Dadurch habe ich viele Freundschaften schließen können, die inzwischen auch weit über den Sport hinausgehen.

Bis heute bereue ich die Entscheidung nicht, mit Parkour angefangen zu haben. Der Sport gibt mir die Kraft und die Motivation, an mich selbst zu glauben. Ich habe die Vision und den Willen, mit dem Sport die Gesellschaft zu beeinflussen und zu zeigen, dass jeder Mensch in der Lage ist, etwas zu bewegen. In jedem von uns steckt etwas Besonderes!"

Parkour am Altenheim

von Johannes Schulte[6]

„In Münster ist der Zugang zum Parkhaus des Theaters wegen seiner vielen Mauern und Stangen wahrscheinlich der beliebteste Spot (dt.: *Trainingsstelle*) der Stadt. Jedoch liegt dieser auf einem Privatgrundstück und direkt neben der Tibus-Residenz – einem Altenheim. Dessen Bewohner schauen dem Training von ihren Balkonen aus jedoch gerne zu!

© *Ulrike Wünnemann*

---

6   *Johannes Schulte ist Coach für* **ParkourONE Münster** *und langjähriger Traceur der Szene.*

Das Verhältnis zwischen den Traceuren und den Bewohnern ist allerdings nicht zufällig so gut: Von Anfang an war der Münsteraner Parkour-Community klar, dass der Spot und die Anwohner respektvoll behandelt werden müssen, um nicht auf Dauer weggeschickt zu werden. Über die Jahre hin pflegten wir dort also die Beete, befreiten die Wege von Unkraut und setzten neue Pflanzen ein, die wir nach dem Training gießen. Dazu halten wir uns an die Regel, die Beete beim Training möglichst komplett zu meiden. Mit Zuschauern und den zuständigen Hausmeistern gehen wir offen und freundlich um und verzichten auf laute Musik.

Im Sommer 2019 organisierten wir dazu eine Veranstaltung im Rahmen des Kulturprogramms der Tibus-Residenz. Die Senioren waren eingeladen, sich von den Schülern und Coaches der örtlichen *ParkourONE*-Klasse das Training genauer erklären und auch zeigen zu lassen. Bis heute profitieren nicht nur wir durch den Spot, sondern auch die Bewohner von dieser respektvoll gewachsenen Beziehung."

Hinterlasse keine Spur!

von Dan Edwardes[7]

„Sei stark, um nützlich zu sein', ist ein fundamentaler Grundsatz unserer Disziplin und ein Satz, den man in Communitys auf der ganzen Welt häufig hört. Während zu reden aber leicht ist, sind wir bei *Parkour Generations*[8] der festen Überzeugung, dass Taten lauter sprechen als Wörter. Aus diesem Grund fragen wir uns oft, wie wir dieses Prinzip auch verkörpern können. Wie können wir es zum Leben erwecken?

Die ‚*Leave No Trace JAMs'* sind ein fantastisches Beispiel für diesen Grundsatz in Action:

JAMs[9] sind das Lebenselixier von Parkour. Menschen an lokalen Trainingsspots zusammenzubringen, andere Gleichgesinnte zu treffen, Ideen auszutauschen und mit Freunden zu trainieren, war schon immer ein zentraler Bestandteil von Parkour und seiner Entwicklung. Daher war es absolut sinnvoll, diesen fast universellen Brauch mit dem einfachen, aber äußerst zielgerichteten, funktionalen und sozial denkenden Konzept ‚*Leave No Trace'* (dt.: ‚*Hinterlasse keine Spur!'*) zu kombinieren.

---

7   Dan ist Gründer und Leiter von **Parkour Generation London** und aktiv als Coach und Athlet.

8   **Parkour Generations** ist ein Unternehmen aus Großbritannien, das sich ganzheitlich mit Parkour, der Vermittlung sowie Wissenschaft und Außendarstellung in den Medien befasst.

9   Eine JAM ist eine gemeinsame Trainingssession von Traceuren aus verschiedenen Orten.

Das Parkour-Training verbindet uns mit unserer Umwelt auf eine einzigartige Art und Weise. Die Räume, die wir nutzen, die Architektur, die Hindernisse, die Oberflächen – jeder Aspekt der Umgebung bedeutet etwas für einen Traceur, und wir können uns privilegiert und glücklich schätzen, in der Lage zu sein, in solch einer freien und uneingeschränkten Art in unzähligen wunderbaren Szenarien trainieren zu dürfen. Demnach sollten wir darauf achten, diese Orte zu respektieren, und uns dazu verpflichten, sie für andere Traceure, spätere Generationen und natürlich andere Menschen, die dort wohnen, leben oder arbeiten, zu bewahren.

Der oben beschriebene Grundsatz geht aber noch einen Schritt weiter: Wir können nicht nur Bewegung oder positive Energie in unseren Gemeinden und in den Räumen um uns herum teilen, sondern auch daran arbeiten, diese besser zu hinterlassen, als wir sie vorgefunden haben. – Und so funktioniert ein ‚*Leave No Trace JAM*':

Zu Beginn jeder Session planen wir eine Stunde ein, in welcher jeder den Spot und die Ecken rundherum von Dreck, Müll und Abfall befreit, diesen, zum Recyceln, in verschiedene Müllbeutel sortiert und in der jeder schaut, auf welche Weise er den Ort mit einfachen Mitteln verbessern kann. Beginnt anschließend die JAM, so sind die Teilnehmer jetzt in der Lage, an einem Spot zu trainieren, von dem sie wissen, dass er sauber ist und keine Gefahren, wie Scherben oder Abfälle, mehr birgt.

© *Barbora Hovorkova*

© *Barbora Hovorkova*

Das verbessert nicht nur das Erlebnis, sondern bringt Menschen für einen gemeinsamen Zweck zusammen und schenkt der Veranstaltung einen breiteren sozialen Nutzen.

Dieser Ansatz hat zudem den Vorteil, dass er die Verbindung der Teilnehmer zu ihrer (urbanen) Umwelt stärkt und dass sie so beginnen, zu verstehen, wie ihr Training ebendiese beeinflusst – positiv wie negativ. Und Bewusstsein ist unabdinglich für einen Traceur!

Die Philosophie von Parkour hat an Stärke gewonnen, weil sie diese Prinzipien im Herzen trägt, aber jede Philosophie bleibt nur dann nützlich und relevant, wenn sie auch gelebt wird. Sie muss verkörpert werden.

Zu *reden* ist leicht. Wichtig ist, was wir *tun*!"

2

KAPITEL 3

Kapitel 3

COMMUNITY UND SZENE

Der moderne Parkour-Sport wurde durch Freundschaften entwickelt und geprägt. Dabei stand die gemeinsame Bewegung, die gegenseitige Herausforderung und der offene Austausch schon von jeher in seinem Fokus. Werte standen über Leistung, und die Inspiration über dem Gewinnen.

Fußend auf diesen Überzeugungen, ist so über die Jahre eine Kultur gewachsen, die vor allem eine begeisterte Community hervorgebracht hat, die sich selbst organisiert und definiert. Für sie ist Parkour mehr als nur ein Sport...

3.1   Parkour: Ein Lebensstil

„Parkour ist mehr als nur ein Sport; es ist ein Lebensstil."

© Georgij Sosunov

Abb. 7: Drei Traceure kundschaften neue Wege aus.

Dieses Zitat hört man fast immer von Traceuren, wenn diese ihre Herzenssportart vorstellen und erklären dürfen. Sie sprechen fast poetisch über Parkour, und wie das Training ihren Lebensalltag, ihre Werte und ihre ganze Denkweise eingenommen und verändert hat. Begonnen bei der neuen Wahrnehmung ihrer direkten Umwelt, in welcher bedrückende Hindernisse zu spannenden Bewegungsmöglichkeiten wurden, über die neuerliche Auseinandersetzung mit sich selbst, bis hin zur Vernetzung mit Gleichgesinnten – teils weit über die eigenen Stadt- oder Landesgrenzen hinaus.

Parkour formte ihre Weltanschauung und ihre Auseinandersetzung mit ebendieser.

Während manche den Sport nun gar als Kunst verstehen, betonen andere vor allem die Freiheit, die ihnen Parkour geschenkt hat. Frei von gesellschaftlichen Konventionen, von den Regeln urbaner Architektur und von Institutionen, wollen sie ihren eigenen Weg bestimmen, indem sie die bekannten Gegebenheiten lernen, neu für sich zu definieren und zu nutzen.

Nicht selten scheinen ebendiese Menschen, die einmal eine derartige Sicht auf die Welt gewonnen haben, sie nicht mehr loslassen zu können. Eine Mauer wird für sie niemals mehr wieder „nur eine Mauer" sein und auch soziale Werte, die mit Parkour einhergehen, wie Toleranz oder Nachhaltigkeit, werden ihr Leben fortan begleiten.

Aber nicht nur die eigene Entwicklung steht für viele Sportler im Vordergrund. Sie engagieren sich auch in der Parkour-Vermittlung, tauschen sich bei Reisen aus, organisieren ganze Events, gründen eigene Modemarken oder erstellen Filme und Videos für Gleichgesinnte. Authentisch und unabhängig wollen sie gemeinsam den Sport gestalten und definieren ihre Zugehörigkeit vor allem durch ihre aktive Teilhabe in der Gemeinschaft.

Diese Eigenschaften machen Parkour damit unter wissenschaftlichem Aspekt zu einem sogenannten **Lifestylesport** (Wheaton, 2013; Gilchrist & Wheaton, 2016) und ihre Teilnehmer zu einer **Szene** (Hitzler, Bucher & Niederbacher, 2001). Dabei tauschen sich die Aktiven über ein bestimmtes Thema aus, definieren und identifizieren sich damit und entwickeln es schließlich weiter. Altersklasse, Herkunft oder Geschlecht spielen dabei eine untergeordnete Rolle.

Ihr Sporttreiben wird für sie so tatsächlich zu ihrem Lebensinhalt und zu einem festen Bestandteil ihrer Persönlichkeit und ihres Selbstbildes.

3.2   Die Organisation der Parkour-Szene

Kontakt zur Parkour-Szene stellt man heutzutage vor allem online her. Die Aktiven versammeln sich in Social-Media-Gruppen und Internetplattformen, verabreden sich dort und organisieren sich informell – also ohne regulierenden Rahmen (z. B. Verein oder Verband). Dabei tauschen sie sich aus, verabreden und inspirieren sich.

Um lokal aber eine höhere Kompetenz und eine einheitliche Adresse für Parkour bieten zu können, haben sich manche lokalen Gruppierungen auch örtlichen Sportvereinen angeschlossen oder haben selbst schon einen eingetragenen Verein (kurz: e.V.) gegründet.

Prinzipiell ist es heute durch Online-Suchmaschinen zudem recht einfach geworden, örtliche Gruppierungen ausfindig zu machen.

Ansonsten gilt für viele Traceure das „Kennst du einen, kennst du alle"-Prinzip, das durch die tief verwobenen Strukturen der noch überschaubaren Szene begünstigt wird. Demnach kann man oftmals einen schon bekannten Traceur nach Tipps oder Kontaktpersonen in anderen Städten fragen – mit einer recht hohen Chance auf Erfolg. Aber Vorsicht! Es gibt nicht nur *eine* Parkour-Szene!

Tatsächlich könnte man zwischen verschiedenen unterscheiden…

- private Gruppierungen (Freundeskreis/Kleingruppe);
- lokale Szenen (Stadt-/Kreisgebiet);
- regionale Szenen (Bundesland/Region);
- nationale Szenen (Nation);
- internationale Szenen (z. B. Kontinent);
- die globale Szene (weltweit).

All diese Subkategorien haben (mehrere) eigene Foren und Plattformen und organisieren sich teils höchst unterschiedlich. So ist der Szenebegriff eines einzelnen Traceurs durch seine eigenen Kontakte und sein eigenes Engagement auf entsprechender Ebene bedingt. Nur dort, wo er sich selbst einbringt und beteiligt, gehört er auch dazu.

Zwei Athleten können also von zwei verschiedenen Parkour-Szenen sprechen – je nachdem, in welchen Kreisen sie sich bewegen und austauschen.

3.3   Szenetreffen

Treffen sich Traceure, dann geht es meistens um Training. Dazu organisieren sie sich aber nicht nur lokal mit anderen, sondern reisen auch zu großen Szenetreffen in andere Regionen der Welt!

Session

Traditionell verabreden sich die Traceure lokal zu freien, selbstständigen Trainingsmeetings (auch: *Session*). Diese sind geprägt durch ihren informellen Charakter und eine offene Struktur – ohne Trainer. Man tauscht sich aus und trainiert „auf Augenhöhe". Jeder lernt vom anderen. Dabei werden Uhrzeit und Treffpunkt oftmals spontan ausgemacht. Stellenweise gibt es aber auch regelmäßige Angebote, die wöchentlich oder monatlich zu festen Terminen stattfinden.

© Georgij Sosunov

Abb. 8: Eine Session ist ein Treffen unter Gleichgesinnten.

Ähnlich wie beim Skateboarden bleiben die Traceure dabei meist an bestimmten *Spots* (dt.: *Trainingsstelle*). Dort trainieren sie dann zu Beginn erst einzelne Bewegungen, spielen etwas oder tüfteln an Herausforderungen, um sich an die Umgebung zu gewöhnen. Später werden dann vielleicht Runs (dt.: *Läufe*) zusammengesetzt oder an Kombinationen gewerkelt.

Das medial regelmäßig verbreitete Bild von Parkour-Läufern, die einfach geradeaus durch die Stadt sprinten, stimmt so also nicht. Ohne das Testen von Materialfestigkeit, Landeflächen oder kreuzenden Straßen wäre das auch viel zu gefährlich!

JAM

Über seinen persönlichen oder lokalen Kreis hinaus trifft man sich in der Szene dann klassisch auf sogenannten *JAMs* (wörtlich übersetzt: *Marmelade*). Ursprünglich aus der Musik stammend, bedeutet das ein Zusammenkommen von unterschiedlichsten Personen und die Vermischung ihrer Stile und Gedanken. Inhaltlich steht im Parkour dabei klassischerweise ein freies, kaum strukturiertes Training im Vordergrund.

Die Gäste finden zusammen und lassen sich vom Geschehen des Tages leiten. Kommunikation, Austausch und Gemeinschaft gelten dabei als die zentralen Komponenten.

3

Abb. 9: Zwei Traceure beim gemeinsamen Austausch auf der „RuhrJAM"

Event

Moderne, professionalisierte und akribisch organisierte Veranstaltungen kann man dagegen auch als Parkour-Events unterscheiden. Dabei gibt es oft geregelte Übernachtungsmöglichkeiten, geleitete Workshops und Spottouren oder, heutzutage, auch Wettkämpfe.

Innerhalb der Trainierenden wird aber alles einfach JAM genannt – das ist effizienter.

Abb. 10: Die „RuhrJAM" in Mülheim a. d. R. ist eines der größten Parkour-Events in Deutschland.

Wettbewerbe

Wettbewerbe – in der Szene *Competitions* genannt – sind inzwischen zu einem Teil des modernen Parkour-Sports geworden. Doch das war nicht immer so.

Da sie dem ursprünglichen Wert der Konkurrenzfreiheit widersprechen und ihren Fokus meist auf Darstellung und Athletizismus, anstatt auf Inklusivität und Teilhabe legen, werden sie vor allem unter wertorientierten Traceuren eher kritisch betrachtet. Diese sehen durch den Fokus auf das Spektakel das eigentliche Image von Parkour gefährdet, welches Bewegungsfreude für jedermann propagiert, und sehen folglich auch die authentische Vermittlung in Gefahr, wenn Stereotype und Fehlinformationen ihre Arbeit erschweren.

Auf der anderen Seite bieten Wettbewerbe vielen Athleten jedoch die Möglichkeit und Perspektive, von ihrer Leidenschaft zu leben, Parkour in ihren eigenen Nationen durch Sponsoren- und Fördergelder zu entwickeln und sich auch durch persönliche Herausforderungen und Erfahrungen selbst zu fordern und zu entfalten.

So gesehen, bieten diese wettbewerbsorientierten Veranstaltungen eine dienliche Plattform, um sich innerhalb der Parkour-Welt zu etablieren, eine gewisse Reichweite zu erwirtschaften und schließlich lokale Geldgeber davon zu überzeugen, in den Parkour-Sport zu investieren. Auf diese Weise können Wettkampfathleten, neben der individuellen Persönlichkeitsentwicklung, auch ihren regionalen Communitys helfen.

© Peter Spoelma

Abb. 11: Ein Athlet bei der „NK SpeedStyle FreeRunning"-Competition in den Niederlanden

3

Heutzutage ist die Diskussion, ob und wieso Wettkämpfe wünschens- oder verachtenswert für den Sport sind, etwas leiser geworden. Vielmehr besteht aktuell eher das Interesse darin, Formate zu entwickeln, die sowohl den Wettkampfathleten eine Plattform bieten können – welche auch für Zuschauer und potenzielle Geldgeber interessant ist –, während parallel die Werte des Parkour-Sports auch glaubhaft dargestellt und vermittelt werden können. Ein salomonischer Mittelweg quasi.

An dieser Herausforderung versuchen sich zurzeit diverse Parkour-Organisationen. Sie entwickeln verschiedenste Veranstaltungen und Programme für deren Teilnehmer und Zuschauer. Genereller Konsens unter ihnen ist dabei, dass die Organisation und Durchführung solcher Events nur von, für und mit authentischen Athleten funktionieren kann. Externe Interessenten tun sich daher meist schwer und treffen nicht selten auf starken Widerstand aus der gut vernetzten Szene. Die Traceure wollen ihre Eigenständigkeit nur ungern einer außenstehenden Institution unterordnen.

WETTBEWERBE

Eine kurze Auflistung bekannter Argumente für und gegen Parkour-Wettbewerbe sowie die drei verbreitetsten Formate finden Sie per QR-Code-Scan hier:

© *Dennis Karotsch*

KAPITEL 4

Kapitel 4

RAHMEN UND ZIELE DER PARKOUR-LEHRE

Während sich die Parkour-Szene zwar noch immer am liebsten selbst organisiert, hat sich die Sportart Parkour schon lange auch in Vereine, Schulen oder in andere Institutionen hinein verbreitet. In Kursen, Workshops oder Unterrichtsreihen vermitteln dabei Coaches und Übungsleiter die wichtigsten Inhalte der Fortbewegungskunst. Als Konsens gilt dabei, dass die Teilnehmer nicht nur Bewegungen, sondern vor allem auch etwas für das Leben lernen sollen.

Im Sportunterricht deutscher Schulen findet sich diese Prämisse im **Doppelauftrag des Fachs Sport** und wird definiert als Erziehung zum Sport und Erziehung durch Sport (Deutscher Olympischer Sportbund, 2009). Dabei wird anerkannt, dass durch Spiel und Bewegung nicht nur zur körperlichen Fitness beigetragen wird, sondern auch Persönlichkeit, Kommunikation oder Werteverständnis entwickelt und gefördert werden können (Conzelmann & Schmidt, 2020).

Abb. 12: Der Doppelauftrag des Fachs Sport

Verknüpft mit dem Selbstverständnis des Breitensports, welcher als primär wett-kampffreier Raum definiert wird und wo Sport ein Medium zum Teilen von Bewegungsfreude ist (Dieckert, Wopp & Krüger, 2003), ergibt sich eine klare Idee für die Vermittlung.

Parkour bietet sich an dieser Stelle hervorragend an. Durch die Natur der Disziplin, die in sich schon eine Wertephilosophie neben den sportlichen Bewegungen mit sich bringt, sind die Ziele der Sportvermittlung also perfekt umsetzbar: Während auf der physischen Seite die ganzkörperliche Fitness trainiert wird, können parallel auch soziale Werte, individuelle Bedürfnisse oder gesellschaftliche Themen authentisch adressiert werden.

Losgelöst von solch schulischen Konzepten steht im Parkour aber vor allem der zentrale Aspekt der individuellen Persönlichkeitsentwicklung im Mittelpunkt. Dabei sollen die Sportler lernen, ihren eigenen Körper und Geist besser zu verstehen und zu nutzen, sich mit ihrer Umwelt neu auseinanderzusetzen und gleichzeitig Teil einer aufgeschlossenen Gemeinschaft zu werden.

Im Kontext wissenschaftlicher Theorien entsprechen diese Ziele besonders den drei **psychologischen Grundbedürfnissen** aus der **Selbstwirksamkeitstheorie** von Deci und Ryan (2008): Autonomie, Kompetenz und soziale Eingebundenheit. Diese sollen einen gesunden und motivierten Menschen definieren.

Autonomie beschreibt dabei eine gewisse Selbstbestimmtheit in der Wahl der Handlungen und Taten eines Menschen, während die **Kompetenz** als die Überzeugung verstanden werden kann, seine Ziele zu erreichen und einen Einfluss auf seine Umwelt zu haben. Zuletzt beschreibt die **soziale Eingebundenheit** das Gefühl, auf seine Mitmenschen zurückgreifen zu können, aber auch selbst für andere da sein zu können.

Für einen Parkour-Trainer heißt das demzufolge, dass die von ihm gewählten Inhalte und Methoden diese Grundbedürfnisse der Teilnehmer berücksichtigen und möglichst positiv beeinflussen sollten. Konkret sollten die Teilnehmer sich also mit einbringen und stellenweise selbstständig agieren dürfen (Autonomie), während ihnen die Methoden und Ziele Erfolgserlebnisse bescheren und ihr Selbstbewusstsein stärken (Kompetenz). Zudem sollte die Trainingsgruppe zu einer hilfsbereiten, toleranten und starken Gemeinschaft geformt werden (soziale Eingebundenheit). Auf diese Weise nehmen die Teilnehmer dann positive Impulse für ihre Gesundheit und ihre Motivation aus dem Training mit.

Im Kontext der Parkour-Vermittlung ist es also am Trainer oder Vorstand, durch die Auswahl von Inhalten oder Zielen und die Organisation der Gruppe einen Rahmen zu schaffen, in dem sich alle Teilnehmer ausleben und entwickeln können, bis diese schließlich völlig eigenständige Traceure werden. Der Lehrer sollte seine Schüler von sich unabhängig machen.

4

Als finales Ziel einer ganzheitlich ausgelegten Parkour-Vermittlung könnte man folglich formulieren, dass die Teilnehmer – fußend auf dem Wissen über die Philosophie ihrer Disziplin – Erfahrungen sammeln sollten, welche ihnen sowohl wichtige Werte und Kompetenzen als auch Bewegungswissen, Bewegungsverständnis und Fitness vermitteln. Begleitet von Reflexionen über sich selbst, ihre Leistungen und ihr Verhältnis zur Umwelt, sollen sie schließlich zu eigenständigen, gesunden und verantwortungsvollen Athleten reifen, die gefahrlos und nachhaltig, selbstständig trainieren können.

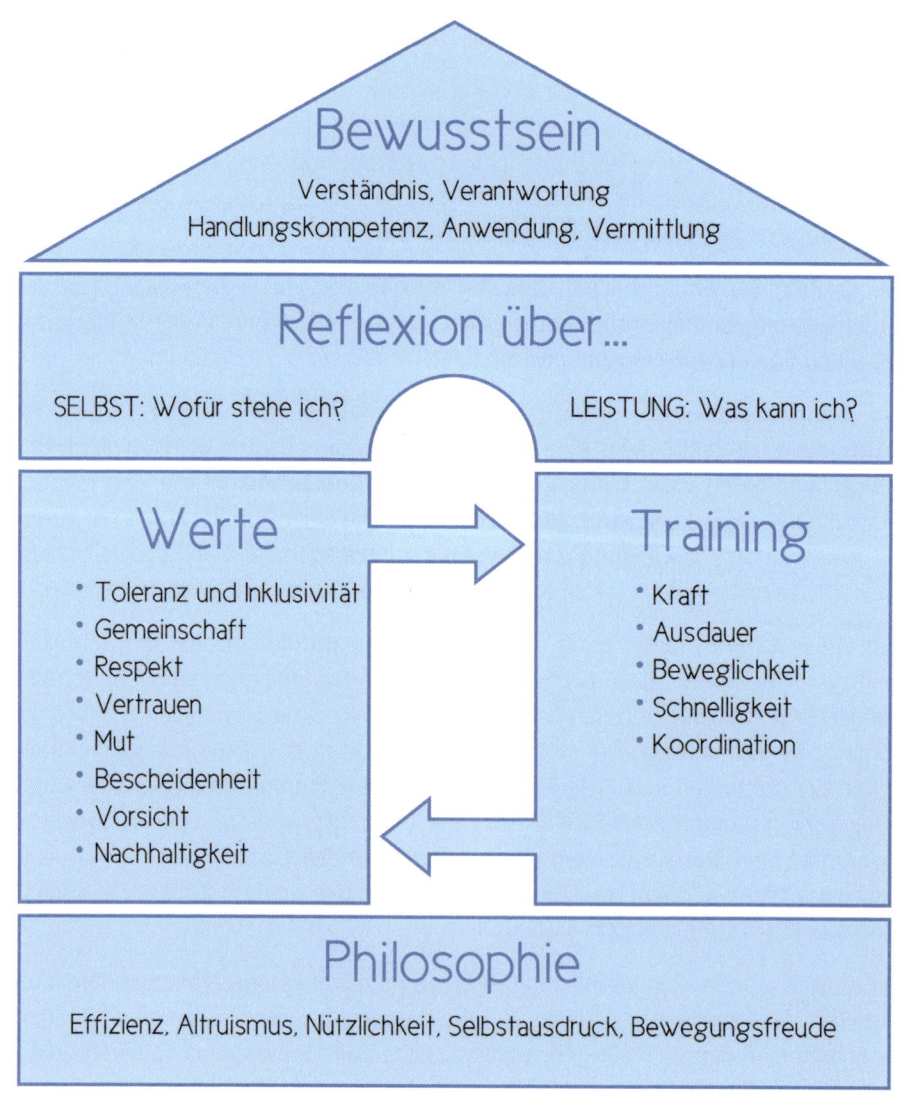

Abb. 13: Die hierarchische Darstellung einer möglichen, ganzheitlichen Parkour-Vermittlung

4.1 Lernziele und Kompetenzbereiche

Das oben genannte Ziel – die Ausbildung eigenständiger, gesunder und verantwortungsvoller Athleten – sollte sich in jedem Angebot wiederfinden. Selbstverständlich unterscheiden sich die Möglichkeiten und Rahmenbedingungen diverser Anbieter, aufgrund ihrer zur Verfügung stehenden Zeit und Ressourcen.

4.1.1 Lernziele im Breiten- und Freizeitsport

Der Breiten- und Freizeitsport umfasst Angebote, zum Beispiel in Vereinen oder in informellen Gruppen.

Durch ihren zeitlich meist unabhängigen und inhaltlich eher offenen Rahmen können hier nicht nur die Grundlagen des Parkour vermittelt werden, sondern auch spezifische Themen nach Belieben erweitert und vertieft werden. Es spielt keine Rolle, ob komplexere Bewegungen, verschiedene Trainingsansätze oder Kernpunkte, wie Angst, Vertrauen oder Gemeinschaft. Inhalte können langfristig erarbeitet, in Rituale implementiert oder spielerisch erlernt werden, während der Übungsleiter die Teilnehmer bei ihrer Entwicklung begleitet.

Besonders interessant sind dabei vor allem alters- oder geschlechtsgemischte sowie inklusive Kursangebote, in denen Offenheit, Respekt und Toleranz praktisch gelebt werden. Gerade im Kontext der Gemeinnützigkeit deutscher Sportvereine und im Zeitgeist der Integration und Inklusion kann ein offenes Parkour-Angebot auf diese Art und Weise für viele Menschen zu einem Ort der Zugehörigkeit und des Austauschs werden.

© Georgij Sosunov

Abb. 14: Traceure sind eine starke Gemeinschaft.

4

Ohne Leistungsdruck und mit der Bewegungsfreude als gemeinsame Sprache können so Unterschiede überbrückt werden, die in anderen Bereichen des Lebens nur schwer zusammenzubringen sind.

Weiter besteht die Möglichkeit, eine neue Community rund um das eigene Angebot herum zu schaffen. Durch Veranstaltungen, einen verbindenden Namen und, generell, das Schaffen einer gemeinsamen Identität kann es so gelingen, die Mitglieder auch langfristig an Sportart und Verein zu binden. Vielleicht werden sie dann selbst einmal Trainer oder Vorbild für die nächste Generation.

Mögliche Lernziele im Freizeit- und Breitensport könnten daher sein:

- die Ausbildung eigenständiger, gesunder und verantwortungsvoller Athleten;
- Durchführung langfristig angelegter und tiefer gehender Inhalte;
- das praktische Implementieren und (Er-)Leben von Werten;
- das Erleben breit gefächerter Angebote – auch über Parkour hinaus;
- Aufbau und Erhaltung einer eigenen Community;
- die Bindung und Weiterbildung von Mitgliedern, z. B. zu Trainern.

4.1.2 Lernziele in der therapeutischen Anwendung

Ähnlich wie im Freizeit- und Breitensport ist das Potenzial von Parkour in der therapeutischen Anwendung vielfältig. Zwar steckt die wissenschaftliche Forschung dazu noch in ihren Kinderschuhen, in der Praxis ist die Anwendung aber häufig schon jetzt eine Erfolgsgeschichte.

Am prominentesten ist die Einbindungen von Parkour bis dato in zwei Bereichen:

- bei der Sturzprävention für Senioren sowie
- als therapiebegleitendes Angebot bei psychologischem oder emotionalem Bedarf.

In der Sturzprävention für Senioren wird Parkour dabei vor allem auf Inhalte aus den Bereichen Balance und Fallschule sowie der grundlegenden Hindernisüberwindung reduziert. Dabei soll sowohl die Stützmuskulatur trainiert wie auch das allgemeine Gefühl von Sicherheit und eigener Stärke wiedergefunden werden. Zahlreiche Angebote wachsen dazu in verschiedensten Orten der Welt heran und berichten von großen Erfolgen (Khokhar, Wong, Tripken, Vinnedge & Figueroa, 2019).

© Andy Day

Abb. 15: Parkour ONEs „Generationen-Parkour" bietet altersübergreifende Herausforderungen.

Aber auch Parkour als (psycho-)therapiebegleitendes oder lernförderndes Werkzeug ist schon lange ein Thema und beweist sich als herausragend. Je nach Kontext können bestimmte Facetten der Disziplin ausgewählt und beleuchtet werden.

Ob in der Suchttherapie das Verhältnis zum eigenen Körper und zur Umwelt betrachtet wird, ob bei emotionalen Störungen Patienten mit ihren Emotionen konfrontiert werden, oder ob vorbestrafte Jugendliche nur den „coolen Straßensport" lernen wollen und parallel ihr Verhältnis zu den Mitmenschen und der Umgebung reflektieren – Parkour bietet unzählige Ansatzpunkte.

Vergleichbar zur klassischen Erlebnispädagogik werden dabei durch Spiele, Herausforderungen und mithilfe einfachster Mittel Situationen erzeugt, die erst gelöst und später aufgearbeitet und reflektiert werden können. Da im Parkour die sonst metaphorischen Hindernisse aber absolut echt sind – und die dadurch aufkommenden Emotionen entsprechend intensiv (Saville, 2008) –, fällt der Transfer des Erlernten den Patienten oft leichter. Er ist einfacher auf andere Situationen ihres Lebens zu übertragen.

Da Parkour zudem quasi ohne Material, örtliche Restriktionen oder Vorkenntnisse der Patienten auskommt, ist es zudem noch extrem kostengünstig und schnell umzusetzen.

4

**Lernziele der therapeutischen Anwendung von Parkour
könnten also wie folgt lauten:**

- Konfrontation mit und Verbesserung in individuellen Problemfeldern;
- positive Stärkung des Selbstbildes;
- Rückgewinnung der eigenen Handlungsfähigkeit;
- Erarbeitung von Methoden und Wegen, die die gegenwärtige Situation verbessern;
- die Ausbildung eigenständiger, gesunder und verantwortungsvoller Athleten.

4.1.3 Parkour im Schulsport

Zuletzt gilt es, den Schulsport zu betrachten, denn an dieser Stelle gibt es gleich mehrere Besonderheiten. So gibt es nicht nur den zuvor beschriebenen Doppelauftrag des Fachs Sport zu berücksichtigen, sondern auch klar definierte Kompetenzbereiche zu erfüllen und pädagogische Perspektiven einzunehmen, während der Zeitrahmen im Unterricht stark begrenzt ist.

Pädagogische Perspektiven (siehe Abb. 16) werden dabei als differenzierte Blickwinkel verstanden, die es ermöglichen, Sportarten und Aktivitäten unter verschiedenen Aspekten zu betrachten. Somit kann ein und dieselbe Tätigkeit plötzlich anders hergeleitet oder akzentuiert werden.

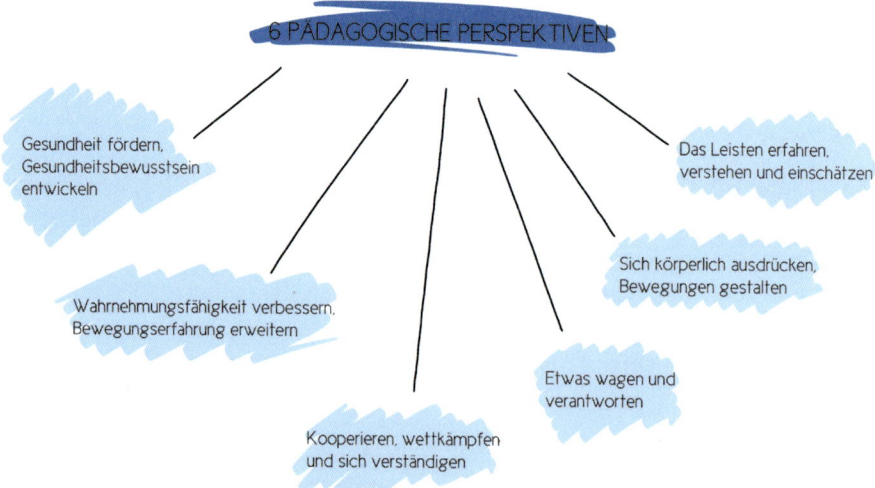

Abb. 16: Die sechs pädagogischen Perspektiven des Schulsports

Parkour wird dabei meist in der pädagogischen Perspektive des „Etwas wagen und verantworten" lokalisiert. Dabei sollen Schüler lernen, herausfordernde Situationen mit den eigenen Fähigkeiten zu bewältigen, und aus Wagnissen, auch zusammen mit anderen, zu lernen.

Bei einer wertorientierten Lehre von Parkour könnten aber auch die Perspektiven „Gesundheit fördern, Gesundheitsbewusstsein entwickeln", „Wahrnehmungsfähigkeit verbessern, Bewegungsfähigkeit erweitern" oder „Sich körperlich ausdrücken, Bewegungen gestalten" eingenommen werden.

Dabei könnten Aspekte, wie körperlich nachhaltiges Training trotz hoher Kräfte, die Adaption an und Verarbeitung von Sinneseindrücken im Parkour, oder auch Kreativität und Bewegungserfinden im klassischen FreeRunning thematisiert werden.

Des Weiteren wurden mögliche Inhalte des Schulsports in 10 Bewegungsfelder zusammengefasst und kategorisiert.

Hier findet sich Parkour primär in den Bewegungsfeldern 1, „Den Körper wahrnehmen und Bewegungsfähigkeiten ausprägen", und 5, „Bewegen an Geräten – Turnen", wieder. Aber auch Bewegungsfeld 6, „Gestalten, Tanzen, Darstellen – Gymnastik/Tanz, Bewegungskünste" könnte mit Parkour bearbeitet werden.

DIE 10 BEWEGUNGSFELDER DES SCHULSPORTS

1. Den Körper wahrnehmen und Bewegungsfähigkeit ausprägen
2. Das Spielen entdecken und Spielräume nutzen
3. Laufen, Springen, Werfen Leichtathletik
4. Bewegen im Wasser Schwimmen
5. Bewegen an Geräten Turnen
6. Gest., Tanzen, Darstellen Gymn. und Tanz
7. Spielen in und mit Regelstrukturen
8. Gleiten, Fahren, Rollen Rollsport, Bootssport, Wintersport
9. Ringen und Kämpfen Zweikampfsport
10. Wissen erwerben und Sport begreifen

Abb. 17:
Die 10 Bewegungsfelder
des deutschen
Schulsports

4

Zuletzt kann eine methodisch und inhaltlich gut strukturierte Unterrichtsreihe im Parkour auch viele übergreifende Kompetenzerwartungen der drei Kompetenzbereiche abdecken, wie sie z. B. die *QUA-LiS NRW* (2020) auf ihrer Homepage beschreibt:

- Bewegungs- und Wahrnehmungskompetenz,
- Methodenkompetenz und
- Urteilskompetenz.

Alles in allem bietet sich Parkour für den Sportunterricht also perfekt an. Gerade sein moderner, urbaner Charakter gibt ihm dabei bei Schülern oft einen Vorsprung an Motivation und Interesse. Zudem sind positive Effekte in Bezug auf ein verbessertes Sozialverhalten, bessere Fähigkeiten zur Lösungsfindung, sowie pro Gesundheit und Fitness feststellbar (Grabowski & Thomsen, 2017; Fernández-Río & Suarez, 2016; Edwardes, 2010). Aus diesem Grund findet sich die Sportart schon heute in vielzähligen Bundesländern im Curriculum wieder.

4.2   Rahmenbedingungen

Die generellen Rahmenbedingungen für Parkour-Angebote werden aber nicht nur vom Kontext bestimmt (z. B. Schule, Verein), sondern auch von der Umgebung (indoor vs. outdoor), der Zielgruppe und dem Rechtsschutz. Aus diesem Grund lohnt es sich, die größten Unterschiede aufzuzeigen und zu verstehen, inwieweit diese auch den Inhalt und die Herangehensweise entscheidend beeinflussen können.

4.2.1   Der Versicherungsschutz

Der Versicherungsschutz ist der wohl elementarste Rahmen, in welchem sich ein Übungsleiter bewegen muss. Jedoch ist dieser für eine noch junge und eher unbekannte Randsportart wie Parkour teils unklar oder sogar noch praxisfern ausgelegt.

Selbstverständlich gelten trotzdem alle gegebenen Bestimmungen und sind für die Übungsleiter verpflichtend. Zu achten ist dabei jedoch auf lokale Unterschiede! Vor der Durchführung eines Parkour-Angebots sollte daher unbedingt Kontakt zur zuständigen Versicherungsgesellschaft aufgenommen und sich konkret über die Richtlinien dazu informiert werden. Dies kann entweder direkt oder über den jeweiligen Verein, Verband oder die Schule geschehen.

Im Normalfall ist Parkour als solches aber inzwischen im Schutz für Mitglieder mit inbegriffen. Dabei gelten in erster Linie dieselben Bestimmungen wie bei anderen Sportangeboten auch.

Hier ist es grundsätzlich so, dass ein Übungsleiter die Verantwortlichkeit über eine Gruppe innehat, sobald er die **Aufsichtspflicht** übernimmt. Das bedeutet, dass er vom Eintreffen seiner Teilnehmer bis hin zur Verabschiedung dieser nach Beendigung der Kurszeit nahezu vollumfänglich für diese zu sorgen hat. Sollte es also zu Veränderungen im Ablauf der Einheiten kommen, oder sind spezielle Inhalte, wie z. B. Ausflüge, geplant, ist dies immer mit der Institution sowie den Teilnehmern (beziehungsweise deren Erziehungsbeauftragten) abzustimmen.

Sollte während eines Trainings nun doch einmal ein Unfall passieren, ist der Übungsleiter **schadenersatzpflichtig**, wenn er Personen- oder Sachschäden durch sein Tun oder Unterlassen schuldhaft und rechtswidrig verursacht hat. Die Beweispflicht liegt dabei beim Übungsleiter. Unterteilt wird dabei in einfache und grobe Fahrlässigkeit sowie in Vorsatz. Im Zweifel wird durch ein Verfahren gegen den Übungsleiter im Einzelfall entschieden, in welche Kategorie ein Vorfall einzuordnen ist.

Einfache Fahrlässigkeit beschreibt dabei das Übersehen oder versehentliche Missachten kleiner Details. Im Regelfall besteht hier noch Versicherungsschutz.

Als **grobe Fahrlässigkeit** werden dagegen die Delikte behandelt, welche offensichtliche Gefahren missachtet oder gar billigend in Kauf genommen haben. Diese sind im Versicherungsschutz nicht mehr inbegriffen.

Der schwerwiegendste Fall besteht bei **Vorsatz**. Dieser beschreibt eine wissentliche und bewusste Missachtung von geltendem Recht oder die konkrete Inkaufnahme von Schäden sachlicher oder gesundheitlicher Art. Auch hier ist kein Versicherungsschutz gewährleistet.

Um sich rechtlich also schon präventiv abzusichern, sollten sich Übungsleiter bereits im Vorfeld unbedingt konkrete Checklisten zu Aufbauten oder Spots, Rituale zur Risikosensibilisierung mit der Gruppe, sowie fundierte Argumentationen für gewisse Abläufe überlegen. Komplettiert mit aktuellem Wissen über die rechtliche Lage, einer gültigen Erste-Hilfe-Bescheinigung und einer offiziellen Qualifizierung kann dann also kaum noch etwas schiefgehen.

4

WIE GEFÄHRLICH IST PARKOUR?

Wenn Sie erfahren möchten, wie gefährlich Parkour tatsächlich ist und wieso viele Zuschauer die Traceure auf der Straße fälschlicherweise für lebensmüde erklären, dann finden Sie hier spannende Informationen und Einblicke:

4.2.2   Die Zielgruppe

Das zweite relevante, rahmenbildende Element für ein qualitatives Parkour-Angebot ist die Zielgruppe. Hierbei ist nicht nur die rechtliche Unterteilung in Minder- und Volljährige relevant, sondern auch die individuelle Differenzierung von Stundeninhalten und Methoden. Generell bietet es sich daher an, sich im Vorhinein über die Ziele und pädagogischen Perspektiven im Klaren zu sein, welche man seinen Teilnehmern durch oder in Bezug auf die Sportart Parkour vermitteln möchte.

© Andy Day

Abb. 18: Kinder sind meist besonders mutig und abenteuerlustig.

Für **Kinder** könnten so beispielsweise Themen, wie die allgemeine Förderung bildender koordinativer Fähigkeiten oder die eigene Erkundung der Umwelt durch Spielformen und Rollenspiele, interessant sein, während **Jugendliche** sich eher mit dem Bewegungsverständnis, dem Risikobegriff oder der Verantwortung auseinandersetzen könnten.

Aber auch **geschlechts-** oder **themenspezifische Angebote** sind denkbar. Ob Inklusion, Integration, Empowerment oder Rehabilitation – die Gruppe bestimmt die Inhalte. Zu achten ist dabei lediglich auf eine alters- und zielgruppengerechte Aufbereitung.

4.2.3 Indoor vs. outdoor

Der letzte, vielleicht größte zu definierende Faktor eines Parkour-Angebots ist der Raum, in welchem dieses veranstaltet werden soll: In der Halle oder draußen?

In erster Linie wird auch diese Frage von der Versicherung des Vereins oder der Institution vorgegeben. Nicht alle Anbieter erlauben das Training außerhalb des eigenen Geländes. Jedoch gibt es inzwischen auch vielzählige Möglichkeiten, seine Vorhaben auch outdoor, und sogar außerhalb von gekennzeichneten Sportstätten im öffentlichen Raum, sicher stattfinden zu lassen.

So beschreibt beispielsweise das Ministerium für Schule und Weiterbildung des Landes Nordrhein-Westfalen (2015) explizit, dass Parkour und FreeRunning auch auf dafür zugelassenen Freiflächen unterrichtet werden darf.

Doch was spricht aber nun für das Training im Freien und was spricht für die Halle?

Outdoortraining

Parkour kommt von draußen. Ob Héberts *„methode naturelle"*, die *„parcours du combattant"* oder die spätere französische *l'art du déplacement* der Yamakasi – sie alle haben ihren Ursprung unter freiem Himmel. Und so wie schon Raymond Belle seinem Sohn David und dessen Freunden die Aufgabe stellte, sich mit ihren Hindernissen, ihrer Textur und ihrer Beschaffenheit genau zu befassen, so gilt genau dies auch noch für jeden Parkour-Einsteiger heutzutage.

Elementar gehört nicht nur die Ausführung von Bewegungen zur Physis des Parkour-Sports, sondern auch die sensorische Auseinandersetzung mit den Materialien der Hindernisse. Dabei ist nicht nur relevant, ob eine Mauer aus Backstein, Marmor oder Beton besteht, sondern auch das Wissen, wie eine Technik daran angepasst werden muss. Das

© *Philipp Holzmüller*

Abb. 19: Traceure testen ihre Hindernisse erst gründlich, bevor es losgeht!

4

Terrain fordert einen Traceur somit zu einem extremen Bewusstsein über sich und seine Umwelt heraus.

Dort, wo Mauerkanten scharf sind, Sand unter den Schuhen den Anlauf erschwert oder Hindernisse nicht nach Belieben verschoben werden können, muss der Athlet seine Methoden und seine Risikobereitschaft anpassen. – Und darum geht es im Parkour.

Jetzt aber zu glauben, dass es ohne Matten und gepolsterte Kanten zu mehr Verletzungen kommt, wäre ein Trugschluss, denn oft ist es umgekehrt der Fall! So bremsen die harten und realen Konsequenzen so manchen wilden Neuling schnell aus. Der Umgang mit sich, seinen Ängsten, Fähigkeiten und Möglichkeiten zum Heranarbeiten wird bewusster und intensiver. Zusätzlich vom Übungsleiter begleitet und gemeinsam reflektiert, ist das dann vor allem eines: authentisch.

Parkour kommt also von draußen und gehört nach draußen. Viele Lektionen, Werte und Inhalte der Disziplin sind Ergebnisse der Auseinandersetzung von Individuum und Umwelt. Diese in der Halle nachzustellen, fällt meistens schwer. Jedoch ist es vielerorts leider kaum möglich, Outdoorangebote anzubieten, da die notwendigen Gegebenheiten dafür nicht vorhanden sind oder schlichtweg nicht genutzt werden dürfen.

Wo darf ich Parkour draußen unterrichten?

Innerhalb eines selbstorganisierten, **informellen Rahmens** gelten für Parkour-Sportler die allgemeinen Betretungsrechte des jeweiligen Landes. Dabei ist stets auf die örtlichen Hausrechte, Gesetze oder Rechtsprechungen zu achten!

So dürfen sich Traceure zwar erst einmal frei im öffentlichen Raum bewegen, solange sie nichts beschädigen, niemanden behindern oder Straftaten bzw. Ordnungswidrigkeiten begehen, nutzen diesen Raum aber auf eigene Gefahr.

Da sie zudem Objekte, wie z. B. Geländer oder Mauern, atypisch nutzen, also nicht so, wie sie vorgesehen sind, müssen sie immer damit rechnen, weggeschickt zu werden. Dies kann in Berufung auf die Verkehrssicherungspflicht, auf Fluchtwege oder eine vergleichbare Argumentation jederzeit passieren. Entsprechenden Aufforderungen der Eigentümer, Betreiber, des Ordnungsamts oder der Polizei haben sie dabei selbstverständlich Folge zu leisten.

Privatgelände – oder vergleichbare Orte – sind hingegen völlig zu meiden. Sie sollten nur dann genutzt werden, wenn dies sowohl vom Eigentümer als auch vom möglichen Betreiber der Fläche ausdrücklich erlaubt worden ist. Im Bestfall ist dazu auch ein Schriftsatz anzufertigen oder mindestens eine protokollierte und unterzeichnete Abmachung zu dokumentieren.

In diesem Fall muss der Eigentümer aber gegebenenfalls seine Pflichten der Verkehrssicherungspflicht an das Anforderungsprofil der Sportart auf seinem Gelände anpassen, da er nun die Art der atypischen Nutzung seines Geländes kennt und Unfällen somit vorbeugen kann. Da hierzu aber noch keine gültige Rechtsprechung existiert, ist auch dies im Zweifelsfall nur mit Vorsicht zu genießen.

Derartige Konzepte sind in der Szene aber dennoch nicht selten und dann oftmals als Spot-Partnerschaften bekannt. In diesen erhalten die Traceure, gegen eine gewisse Dienstleistung – z. B. der Säuberung der genutzten Fläche – das Betretungsrecht zum Zwecke ihres Trainings.

Die Richtlinien für **organisierte Parkour-Angebote** unterscheiden sich hingegen je nach Region oder sogar nach Stadt noch extremer. Zwar gelten auch hier grob die oben beschriebenen Bestimmungen, jedoch müssen diese nun auch mit der verantwortlichen Versicherung abgestimmt werden.

Allgemein ist für den vollumfänglichen Schutz der Teilnehmer zu sorgen, sowie auch Rücksicht auf die anderen Teilnehmer des öffentlichen Verkehrs zu nehmen. Dies gilt sowohl beim Training selbst als auch auf den Wegen zu oder zwischen den Spots. Entsprechende, auf Parkour zugeschnittene Versicherungsmodelle werden aber inzwischen weitreichend angeboten.

Besonderheiten gibt es regional dann vor allem noch in Bezug auf **kommerzielle Angebote**. So ist die Durchführung derartiger Aktivitäten im öffentlichen Raum teils nur mit einer besonderen Genehmigung erlaubt und unterliegt strengen Richtlinien. Informationen darüber, ob Sie davon betroffen sind, erhalten Sie aber schnell auf den örtlichen Internetseiten der Verwaltung oder durch ein kurzes Telefonat mit der lokal zuständigen Behörde.

Was muss ich beim Outdoortraining beachten?

Habe ich nun einen geeigneten Spot gefunden, sollte beim Outdoortraining auf zwei primäre Aspekte geachtet werden: den Schutz der Teilnehmer sowie den Schutz der Umwelt.

Der **Schutz der Teilnehmer** ergibt sich aus der geltenden Aufsichtspflicht des Übungsleiters, sowie aus dessen Bestreben, fahrlässiges Handeln zu vermeiden. Demzufolge sollten offensichtliche Gefahrenquellen entweder entfernt (z. B. Scherben, Laub etc.) oder zumindest auf sie hingewiesen werden (z. B. Nässe, wackelige Geländer, Verkehr etc.).

Generell bietet es sich also an, mit den Teilnehmern vor Beginn der Trainingseinheit den Spot vollständig zu begehen, ihn auf akute Gefahren hin zu überprüfen und diese zu eliminieren. Ritualisiert können somit fahrlässige Handlungen ausgeschlossen und das Gefahrenbewusstsein der Teilnehmer gestärkt werden. Dies sollte auch an hochfrequentierten und regelmäßig genutzten Anlagen jedes Mal wiederholt werden.

Nicht selten fallen die Hindernisse auch nicht parkourbezogenen Nutzergruppen, wie Vandalen, zum Opfer, oder wurden durch starkes Wetter, Unfälle oder andere Faktoren beschädigt oder verändert. Demzufolge sollte auf nichts gesprungen oder herumgeklettert werden, das nicht vorher kritisch inspiziert wurde!

Abb. 20: Besonders die Befestigungen von Stangen, speziell Schweißnähte, sollten kritisch inspiziert werden. Diese hier ist z. B. ungeeignet zum Draufspringen.

© Philipp Holzmüller

Der zweite Aspekt, der **Schutz der Umwelt**, bezieht sich primär auf die genutzten Hindernisse sowie Passanten und Anwohner. So sollte darauf geachtet werden, dass durch die eigene Aktivität weder Schäden entstehen noch dass Mitmenschen dadurch gestört werden. Entsprechend gebietet es der Respekt, auf laute Musik oder zu laute Kommunikation zu verzichten (z. B. Schreien oder Kreischen) und auch sich kreuzende Laufwege stets im Auge zu behalten. Andere Personen vor Ort sollten stets mit Rücksicht behandelt werden.

Mögliche Verhaltensregeln dazu könnten beispielsweise sein, dass Passanten immer „Vorfahrt" haben, dass der Spot immer wichtiger ist als der eigene Sprung (z. B. keine Äste abbrechen für einen besseren Anlauf) und dass Anwohner immer das letzte Wort haben.

Für die Verhaltensregeln bietet es sich generell an, sich auf die in Kap. 2 beschriebenen Werte und Philosophien der Parkour-Disziplin zu beziehen. Diese gewinnen beim Outdoortraining besonders an Bedeutung und können folglich hervorragend als Handelsmaxime herangezogen und in die Abläufe der Gruppe implementiert werden.

Indoortraining

Parkour ist inzwischen auch in Sporthallen angekommen. Ob als Flucht vor dem nassen, europäischen Winter, als Möglichkeit, mit Matten auch komplexere akrobatische Bewegungen auszuprobieren oder aus Mangel an Alternativen im ländlichen Raum – der Straßensport ist heutzutage auch an Turnkästen, Parallelbarren und am Reck zu Hause.

Der große Vorteil ist dabei, dass eine Sporthalle als vergleichsweise geschützter Raum vielen Anfängern das Gefühl von Sicherheit und einem unbeobachteten Training suggerieren kann. Diejenigen, die sich im öffentlichen Raum, unter den Augen vieler Fremder in den Straßen oder ohne offensichtlichen Schutz vor harten Stürzen, nicht wohlfühlen, bekommen in der Halle eine meist intimere und zuvorkommende Atmosphäre geboten.

Hier können Hindernisse verändert, gepolstert und den individuellen Bedürfnissen angepasst werden. Ohne das Gefühl, dem Asphalt und Stahl ausgeliefert zu sein, können Novizen so ihre ersten Bewegungsversuche unternehmen und machen meist schnellere Fortschritte als diejenigen, die ohne Halle begonnen haben.

Abb. 21: Gepolsterte Turnkästen dienen meist als Mauerersatz.

Hier beginnt aber auch schon der große Nachteil des Hallentrainings: die Gewöhnung an eine subjektiv angepasste und veränderbare Umgebung.

4

Wenn man so will, könnte man sagen, dass das Training in der Halle das Grundkonzept von Parkour um 180° umdreht. So ist es nicht mehr der Traceur, der sich an seine Umwelt anpassen muss, sondern die Umwelt ist es, die sich an den Traceur anpasst.

Nicht selten fällt es Neulingen daher schwer, ihre in der Halle erlernten Fähigkeiten auch draußen anzuwenden. Sie begreifen schnell, dass der Übertrag einer Technik von einem Turnkasten zu einer Steinmauer kein Selbstläufer ist. Entsprechend sollten von einem Übungsleiter in der Halle schon früh Techniken und Methoden etabliert werden, welche – unter dem übergeordneten Ziel der Parkour-Lehre – die Teilnehmer dazu befähigen, ihre indoor erlernten Skills auch outdoor anwenden zu können.

Dazu können Regeln, wie beispielsweise, dass Hindernisse nicht verschoben werden dürfen, in verschiedenen Kontexten Anwendung finden. Zudem sollten auch Techniken zum Antesten von Sprungweiten, wie auch die Möglichkeiten zur Zergliederung von Bewegungen behandelt werden, damit Teilnehmer sich dann draußen sicher an diese heranarbeiten können.

- Was ist aber mit den Hindernissen, die in den Hallen zur Verfügung stehen?
- Inwieweit eignen sich eigentlich wackelige Turnkästen für meterweite Sprünge?
- Darf ich die Geräte überhaupt zu Parkour-Spots umfunktionieren?

Alternative Gerätenutzung

Generell haben (Turn-)Geräte einen vom Hersteller bestimmten Anwendungsbereich, der folglich mit offiziell geprüften und vorgegebenen Anlaufrichtungen, Maximallasten oder Aufbauhöhen verbunden ist. Dementsprechend gilt eine Herstellergarantie sowie auch der Versicherungsschutz nur dann, wenn diese beachtet und den Vorgaben entsprechend aufgebaut und genutzt worden sind.

Bei einer nicht vollständig den Vorgaben entsprechenden Zweckentfremdung dieser Geräte ist von einer alternativen Gerätenutzung die Rede.

Eine alternative Gerätenutzung ist prinzipiell erlaubt, unterliegt aber konkreten Handlungsanweisungen und erfordert eine hohe pädagogische Kompetenz der Lehrkraft. Diese muss nicht nur das Risiko gewisser Aufbauten beurteilen und verantworten können, sondern auch die eigene Gruppe in Bezug auf diese Hinderniswelt bewusst einzuschätzen und anzuleiten wissen.

Abb. 22: Schon das Hängen an einem Kasten ist eine alternative Gerätenutzung und sollte ohne Sicherung besser nicht gemacht werden.

Grundsätzlich gilt, dass Geräte nur in einem solchen Rahmen umfunktioniert werden dürfen, in dem weder Schäden am Material zu erwarten sind noch gesundheitliche Risikofaktoren der Teilnehmer billigend in Kauf genommen werden. Folglich sollte ein Aufbau stets gut gesichert werden, keine freischwingenden Elemente enthalten, dem Sportler jederzeit die Möglichkeit bieten, die Aktivität gefahrlos abzubrechen sowie keine anderen Personen aktiv oder passiv gefährden. Des Weiteren ist auf einen tadellosen Zustand der Geräte vor ihrer Nutzung zu achten (Baumann & Hundeloh, 2007)!

Allgemein können sich Übungsleiter und Lehrkräfte über den Bereich der alternativen Gerätenutzung in Broschüren der Deutschen Gesetzlichen Unfallversicherung e.V. (2018) informieren oder sich in lizensierten Fortbildungen aus- bzw. weiterbilden lassen.

Da aber auch die Hersteller inzwischen von der Umfunktionierung ihrer Gerätschaften wissen und wachsende Phänomene (wie den Parkour-Sport) im Blick haben, finden sich teils auch schon konkrete Vorschläge zur sportartspezifischen Nutzung in den Begleitmaterialien der entsprechenden Unternehmen.

Mattennutzung

Neben einigen Geräteaufbauten sorgen aber vor allem die verpflichtenden Nutzungsvorschriften für den Mattengebrauch bei vielen erfahrenen Parkour-Coaches für Unbehagen.

Diese sehen dabei zum einen eine fehlende Nähe zum urbanen Raum, auf welchen die Teilnehmer möglichst authentisch und bewusst vorbereitet werden sollen – und in dem es ebenfalls keine Matten gibt. Zum anderen berufen sich viele erfahrene Parkour-Trainer darauf, dass die Matten den Teilnehmern ein falsches Gefühl der Sicherheit suggerierten. Dadurch würde deren Risikobereitschaft so stark wachsen, dass schließlich mehr Verletzungen mit Matten passieren würden, als es bei einem bewussten Umgang ohne Fallschutz der Fall wäre.

Das finale, schlagende Argument aber ist, dass die Aufbauten in einer authentischen Parkour-Vermittlung weder klare Richtungen für Anläufe und entsprechende Landungen hätten noch dass von den Hindernissen stets ein Niedersprung geplant wäre.

Dabei wird die Nutzung eines Turnkastens oft mit der von Hürden in der Leichtathletik verglichen: „Das Bewegungsziel sei eine schnelle Überwindung mit anschließender Fortsetzung der Bewegung – und hinter Hürden lägen ja ebenfalls keine Matten!"

Zur Folge hätte all dies, dass bei einem regelkonformen Gebrauch von Matten nicht nur zu wenige von ihnen in den Hallen zur Verfügung stünden, sondern auch, dass dadurch so viele Tritt- und Stolperkanten entstünden, dass die Gefahr des Umknickens oder von mattenbedingten Stürzen ins Unermessliche steigen würde. Demnach hätten die Matten ihren Sinn genau verfehlt.

Gespräche mit den verantwortlichen Unfallkassen und Versicherern für parkourtaugliche Auslegungen laufen. **Bis es aber so weit ist, haben sich die Parkour-Trainer an die aktuell existierenden Regularien zu halten!**

In diesen werden Matten aufgrund ihrer Eigenschaften und Anwendungsbereiche in vier Hauptarten unterschieden (Deutsche Gesetzliche Unfallversicherung e.V., 2018; Bockhorst & Wieners, 2010):

1. **Bodenturnmatte (Läufer):**
   hohe Festigkeit,
   sehr geringe Dämpfung

2. **Gerätturnmatte:**
   hohe Festigkeit,
   geringe Dämpfung

3. **Niedersprungmatte:**
   mittlere Festigkeit,
   mittlere Dämpfung

4. **Weichbodenmatte:**
   geringe Festigkeit,
   hohe Dämpfung

4

Ihr Einsatz wird dabei aus einer Abwägung zwischen Dämpfung, Standsicherheit und Bewegungsfreiheit hergeleitet.

Unterschieden wird dabei wiederum zwischen **aktivem** und **nicht aktivem Landen**:

- **Aktives Landen** = bewusstes, kontrolliertes Landen → muss erlernt werden.

- **Nicht aktives Landen** = reaktionäres, unkontrolliertes Landen → meist Resultat eines Fehlversuchs oder Sturzes.

Im Falle von aktiven Landungen schlägt nun z. B. die Unfallkasse Nordrhein-Westfalen (Bockhorst & Wieners, 2010) folgende Staffelungen vor:

Bis 120 cm: Gerätturnmatte

Bis 180 cm: Niedersprungmatte

> 180 cm: Weichbodenmatte

Nicht aktive Landungen hingegen hätten folgenden Regularien zu folgen:

< 30 cm: keine Matte

Ab 30 cm: Gerätturnmatte

Ab 60 cm: Niedersprungmatte (15 cm)

Ab 120 cm: Niedersprungmatte (20 cm)

Ab 140 cm oder flächigen Landungen: Weichbodenmatte

Generell sollten diese Vorgaben auch bei der Durchführung von Parkour-Angeboten eingehalten werden. Zuwiderhandlungen sind lediglich dann vertretbar, wenn diese sinnvoll argumentiert und dem Kontext entsprechend sind, sowie keinen fahrlässigen Tatbestand darstellen. Da diese Bewertung aber im Zweifel erst im Einzelfall entschieden werden müsste, ist eine Einhaltung der Regularien stark zu empfehlen! Nur dann kann sich der Übungsleiter auf der sicheren Seite wähnen.

4.2.4 Allgemeine Risikobewertung

Ungeachtet des Kontexts, der Zielgruppe oder des Ortes sollte ein Übungsleiter stets in der Lage sein, die Risiken der geplanten Aktivitäten zu bewerten und einzuschätzen. Besonders im Zusammenhang mit möglichen Schäden oder Unfällen lohnt es stets, schriftliche Dokumente und Begründungen über die eigene Arbeitsweise parat zu haben, die im Zweifelsfall eine mögliche Schuldfrage positiv beeinflussen können.

Dazu können z. B. Dokumente der Unfallversicherungen, aber auch selbst verfasste Checklisten zu sicherheitsrelevanten Themen (z. B. Aufbauten) dienen. Zudem bieten viele Gerätehersteller, Internetportale oder Verbände auch Materialien an, mit denen Übungsleiter Aufbauten, Abläufe oder generelle Fragen übersichtlich kontrollieren und beantworten können.

Generell gilt: **Prävention ist besser als Reaktion!**

© *Philipp Holzmüller*

4

KAPITEL 5

Kapitel 5

GRUNDLAGEN DES SPORTLICHEN TRAININGS

Wie bisher vorgestellt, kann das Parkour-Training verschiedenste Ziele bieten. Dabei kann es um reinen Spaß, Herausforderung oder auch um gesundheitliche Aspekte gehen. Unabhängig vom gewählten Inhalt und Fokus bleibt Parkour jedoch in erster Linie eine physische Sportart. Folglich werden der Körper und dessen Fähigkeiten dabei ausgebildet und beansprucht.

In diesem Kapitel soll deshalb aufgedeckt werden, wie sich das Parkour-Training auf einen Traceur auswirkt und wie dieser aktiven Einfluss darauf nehmen kann. Dazu sollen einige ausgesuchte Grundlagen der Trainingswissenschaft vorgestellt werden.

5.1   Die Leistungsfähigkeit

Die **Leistungsfähigkeit** eines Menschen beschreibt dessen Voraussetzungen, um an ihn gestellte sportliche Anforderungen zu bewältigen. Dabei geht es (nicht nur) um das maximale Können, sondern auch um jede noch so kleine Herausforderung, der sich ein Traceur im Training stellen muss. Bestimmt wird diese Leistungsfähigkeit von gleich mehreren Faktoren.

Die in Abb. 23 dargestellten Einflussfaktoren bedingen aber nicht nur die eigene Leistung bei einer Parkour-Session, sondern werden bei einer solchen gleichzeitig trainiert[10]. Das Training und die Voraussetzungen der eigenen Leistungsfähigkeit stehen also in einer Wechselwirkung zueinander. Somit ist es einem Sportler möglich, Einfluss auf seine eigenen Voraussetzungen zu nehmen.

Demzufolge kann er sich innerhalb seiner Einheiten also verschiedenste, individualisierte Ziele setzen oder auch zusätzliche, spezifische Inhalte in getrennten Einheiten ansprechen, wenn er möchte (z. B. ein zusätzliches Krafttraining). Dabei könnte es ihm um eine Leistungsverbesserung, den Erhalt seiner Gesundheit oder auch um Verletzungsprävention gehen.

---

10 *Mit wenigen Ausnahmen, wie z. B. den genetischen Veranlagungen.*

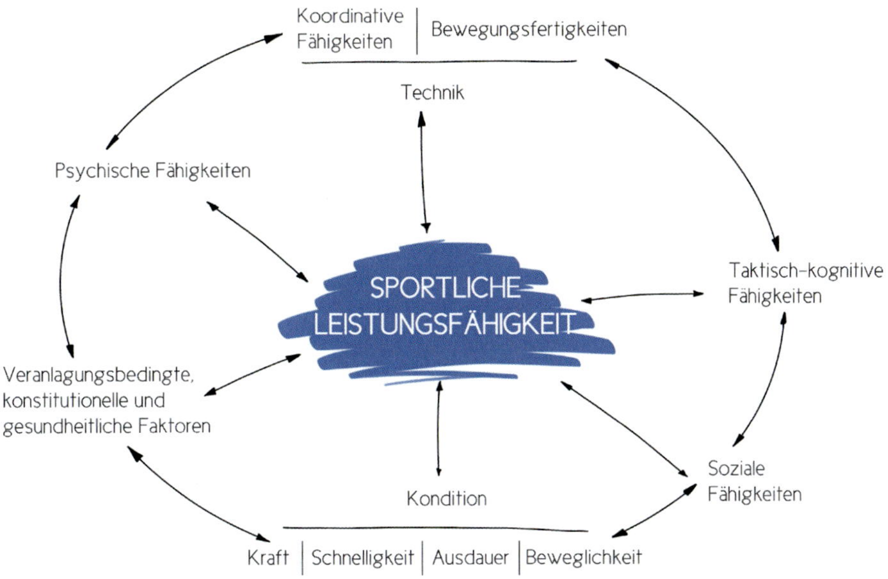

Koordinative Fähigkeiten | Bewegungsfertigkeiten

Technik

Psychische Fähigkeiten

SPORTLICHE LEISTUNGSFÄHIGKEIT

Taktisch-kognitive Fähigkeiten

Veranlagungsbedingte, konstitutionelle und gesundheitliche Faktoren

Soziale Fähigkeiten

Kondition

Kraft | Schnelligkeit | Ausdauer | Beweglichkeit

Abb. 23: Einflussfaktoren auf die sportliche Leistungsfähigkeit eines Sportlers

Bevor er sich jedoch mit einer detaillierten Trainingsplanung auseinandersetzt, sollte er erst einmal verstanden haben, welche typischen Fertigkeiten er eigentlich gezielt ansprechen und beeinflussen kann. Dabei beschränken wir uns hier erst einmal auf die konditionellen und koordinativen Fähigkeiten.

5.2 Konditionelle Fähigkeiten

Die **Kondition** eines Sportlers setzt sich aus dessen Kraft, Ausdauer, Schnelligkeit und Beweglichkeit zusammen. Diese wiederum sind nochmals unterteilt.

5.2.1 Die Kraftfähigkeit

Traceure springen, landen, ziehen und stützen. Dabei nutzen sie Asphalt, Mauerkanten und Steine, statt Trampoline, Sprungbretter und Matten. Kombiniert mit komplexen Bewegungsabläufen, untypischen Richtungen sowie Rotationen und Verwringungen, muss ihr Körper daher extrem gut auf hohe Impacts (dt.: *Einschläge*) und die schnellen Kraftwirkungen vorbereitet werden.

Wie groß die Kraftfähigkeit bei einem Menschen ist, hängt dabei von verschiedensten Faktoren ab:

Neben dem Muskelquerschnitt, also seiner Dicke, ist vor allem die Qualität der Zusammenarbeit der verschiedenen Muskeln (intermuskuläre Koordination) sowie die Menge an Fasern, die innerhalb eines einzelnen Muskels aktiviert werden können, entscheidend (intramuskuläre Koordination). Des Weiteren spielen die gegebenen Muskelfasertypen und die psychische Ansteuerung, aber auch Alter, Geschlecht und Ernährung eine Rolle.

So haben manche Menschen mehr Muskelfasern von dem Typus, der sich schnell zusammenziehen kann, während andere eher die langsamere Variante in sich tragen. Inwiefern sich diese Typen trainieren oder verändern lassen können, wird noch stark erforscht und diskutiert.

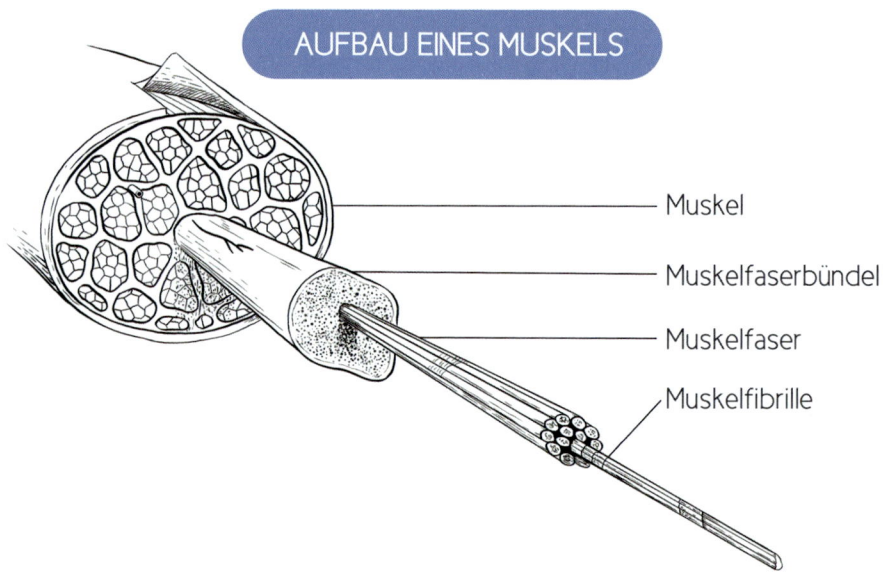

AUFBAU EINES MUSKELS

Muskel

Muskelfaserbündel

Muskelfaser

Muskelfibrille

Abb. 24: Kleine Muskelfibrillen ergeben eine einzelne Muskelfaser, welche sich wiederum zu Muskelfaserbündeln zusammenschließen. Diese, von einer Haut umgeben, ergeben dann einen ganzen Muskel.

Unterschieden wird innerhalb der Kraftfähigkeit des Weiteren auch in Unterkategorien, welche die verschiedenen Krafttypen noch einmal genauer beschreiben:

Maximalkraft...

...ist die größtmögliche Kraft, die man durch willkürliche Muskelanspannung gegen einen Widerstand erreichen kann.
Beispiel: Maximaler Präzisionssprung

Kraftausdauer...

...bedeutet, dass man eine Kraftanstrengung über einen möglichst langen Zeitraum aufrechterhalten kann.
Beispiel: Ein sehr langer Run mit vielen, anstrengenden Bewegungen

Schnellkraft...

...ist die Fähigkeit des neuromuskulären Systems[11], den Körper, Körperteile oder Objekte mit maximaler Geschwindigkeit zu bewegen.
Beispiel: Maximal schneller Absprung für einen Präzisionssprung

Reaktivkraft...

...beschreibt die Fähigkeit, aus einer abbremsenden (exzentrischen) Bewegung heraus möglichst schnell einen großen, beschleunigenden (konzentrischen) Kraftstoß zu erzeugen.
Beispiel: Das schnelle Weiterspringen aus einer vorherigen Landung (z. B. Plyo)

Bei einem Parkour-Training werden all diese Fähigkeiten in irgendeiner Form angesprochen. In welchem Verhältnis und wie intensiv, bestimmt aber vor allem der individuelle Trainingsstil eines Traceurs. Während der eine also gerne weite, maximale Sprünge versucht, interessiert sich ein anderer möglicherweise für ausdauernde, effiziente Runs über lange Strecken. Folglich ist eine klare Einordnung des Parkour-Sports quasi unmöglich.

Speziell trainiert wird die Kraftfähigkeit im Parkour vor allem zum Schutz vor Verletzungen. Der Körper sollte nach Aussage vieler Traceure ein Mindestmaß an Kraft besitzen, um nachhaltig funktionieren zu können – ohne langfristige Schäden vom Training davonzutragen. Darüber hinausgehende Ziele sind dann individuell.

Während einige also in zusätzlichen Krafttrainingseinheiten gezielte Bewegungsmuster und Muskelgruppen stärken wollen, reicht es anderen Athleten, ihre Fähigkeiten innerhalb ihrer gewöhnlichen Sessions durch spielerische Herausforderungen auf die Probe zu stellen. Letztendlich muss also jeder Traceur oder Übungsleiter für sich die richtige Mischung finden, solange er sich oder seinen Teilnehmern damit nicht schadet – ob durch fehlende Voraussetzungen oder aber Überanspruchung.

5

---

11   *Das neuromuskuläre System beschreibt das Zusammenspiel von Nerven und Muskulatur.*

5.2.2 Die Ausdauerfähigkeit

Die zweite konditionelle Fähigkeit ist die Ausdauer. Diese wird als die Widerstandsfähigkeit des menschlichen Organismus gegen Ermüdung sowie die schnelle Regenerationsfähigkeit nach einer sportlichen Belastung definiert. Diese Belastung kann dabei *lokal* sein, also nur wenige Muskeln betreffend, oder *allgemein* (bei mehr als einem Sechstel aller Muskeln).

Kurzum: Wie lange halte ich eine Belastung aus und wie schnell nach der Belastung bin ich wieder leistungsfähig?

Unterschieden und erforscht wird die Ausdauerfähigkeit anhand der Energiebereitstellung im Körper. Dieser braucht bei einer sportlichen Betätigung eine Quelle, die die Muskulatur und weitere innere Prozesse versorgen kann.

Neben dem Sauerstoff, den wir ein- und ausatmen, kann dabei auf Blutzucker, Fette oder weitere biochemische Stoffe zurückgegriffen werden. Jedoch funktionieren diese Varianten und Kombinationen nur unterschiedlich gut und verschieden lang.

Durch die besondere Relevanz des Sauerstoffs in diesen Prozessen haben sich daher vor allem zwei Begriffe durchgesetzt, die einem in Hinblick auf die Ausdauerbelastungen in einem Training ein wenig Struktur bieten können:

Die anaerobe Ausdauer…

…bezeichnet die Energiebereitstellung des Körpers *ohne* Sauerstoffzufuhr bei Kurz- bis Mittelzeitausdauer – also ca. 35 Sekunden bis 10 Minuten anhaltende Belastung.
Beispiel: Typische Parkour-Runs

Die aerobe Ausdauer…

…beschreibt die Energiebereitstellung des Körpers mithilfe von Sauerstoff bei lang anhaltenden Belastungen, beginnend bei mindestens 2-10 Minuten.
Beispiel: Langstreckenläufe

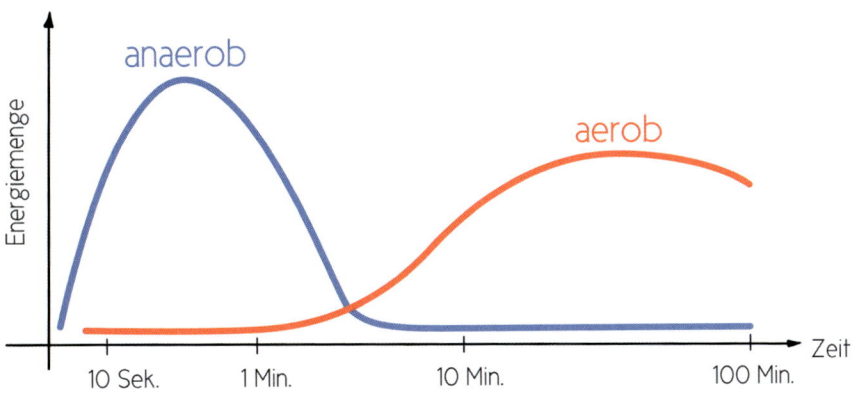

Abb. 25: Die Energiebereitstellung im Muskel im zeitlichen Verlauf (stark vereinfacht)

Im Parkour wird also nahezu ausschließlich anaerob gearbeitet, da sich ein Lauf nur in den seltensten Fällen länger als 10 Minuten zieht. Zudem ist das Training durch die ständige Aktivierung bei Bewegungen, gefolgt von längeren Pausen, eher intervallartig, statt ausdauernd. Folglich ist der aerobe Ausdauertyp im Parkour-Training oft nur selten, bis gar nicht, zu finden.

Die potenziellen Vorteile einer guten allgemeinen Ausdauerfähigkeit werden übrigens grundsätzlich in der Ökonomisierung des Stoffwechsels gesehen, also dass die körperinneren Prozesse effizienter ablaufen. Zudem soll es das Herz-Kreislauf-System positiv beeinflussen und die Sauerstoffaufnahme des Sportlers verbessern. Des Weiteren werden auch mögliche Effekte auf psychische Erkrankungen, wie Depressionen, in der Sportwissenschaft heiß diskutiert.

Für Traceure bedeutet dies, dass sie bei einer guten Ausdauerfähigkeit also vermutlich länger trainieren, einen Run häufiger wiederholen oder insgesamt längere Läufe schaffen könnten.

5.2.3 Die Schnelligkeit

Da die meisten Bewegungen im Parkour in Sekundenbruchteilen geschehen und notfalls genauso schnell korrigiert oder gerettet werden müssen, gehört eine gewisse Schnelligkeit für Traceure unabdingbar dazu.

Abhängig ist diese Schnelligkeit von Faktoren wie der Koordination, der Verarbeitungsgeschwindigkeit von Umweltreizen in Gehirn und Nerven sowie von der Kontraktionsgeschwindigkeit der Muskeln – also wie schnell diese sich zusammenziehen können. Zudem spielen genetische Faktoren, wie z. B. der primäre Muskeltyp (schnell vs. langsam), aber auch psychische Merkmale, wie Motivation und Aufmerksamkeit, eine wichtige Rolle.

Konkret unterschieden wird die Schnelligkeit in drei Kategorien:

Reaktionsschnelligkeit…

…heißt, dass man möglichst schnell auf einen (äußeren) Reiz reagieren kann.
Beispiel: Sich abstützen und fangen nach einem ungewollten Sturz.

Aktionsschnelligkeit…

…bedeutet, einmalige (azyklische) Bewegungen mit höchster Geschwindigkeit ausführen zu können.
Beispiel: Präzisionssprung

Frequenzschnelligkeit…

…beschreibt, dass sich wiederholende (zyklische) Bewegungen mit höchster Geschwindigkeit durchgeführt werden können.
Beispiel: Sprinten im Anlauf

Bei einem Parkour-Training werden all diese Fähigkeiten stark gefordert und beansprucht. Während sich die Traceure nicht nur in der urbanen Umwelt bewegen, wo sie ständig auf Reize, wie Lärm, Wetter oder die Folgen ihrer eigenen Sprünge reagieren müssen, sondern auch viele schnelle und dynamische Bewegungen ausführen, gibt es kaum einen Trainingsstil, der die Schnelligkeit nicht bedingt.

Eine hohe Schnelligkeit bietet demnach den Vorteil, dass ein Traceur sich extrem gut auf seine Mechanismen zur Reaktion und Rettung bei unvorhergesehenen Situationen verlassen kann. Zudem bietet sie ihm die Möglichkeit, seine Bewegungen und Kombinationen immer schneller verknüpfen und somit auch vielseitiger gestalten zu können.

5.2.4   Die Beweglichkeit

Die letzte konditionelle Fähigkeit ist die Beweglichkeit. Je nach Trainingsstil mehr oder weniger gefordert, ist sie das sportwissenschaftliche Feld mit der größten Debatte.

Ursprünglich wird die Beweglichkeit in Dehnfähigkeit und Gelenkigkeit unterteilt:

Die Dehnfähigkeit...

...beschreibt die Amplitude eines Muskels, die mithilfe von inneren oder äußeren Kräften erreicht werden kann.
Beispiel: Spagat

Die Gelenkigkeit...

...bezeichnet die maximale Schwingungsweite von Gelenken und ist anatomisch vorgegeben.
Beispiel: Maximale Überstreckung des Ellbogengelenks

Für die Praxis bieten diese beiden Begriffe jedoch oftmals wenig Grundlage. Während die Gelenkigkeit genetisch vorgegeben ist und somit nicht trainiert werden kann, bietet das Dehnen indes viel Raum zur Diskussion. Tatsächlich scheinen frühere Ideen, wie beispielsweise, dass ein Muskel zu kurz sei und wieder aufgedehnt werden muss, als überholt und nicht unbedingt zielführend.

Als modernere Unterteilung haben sich daher vielerorts die Begriffe der Mobilität und Flexibilität durchgesetzt.

Die Mobilität...

...beschreibt den funktionalen Handlungsradius eines oder mehrerer Gelenke, den der Körper selbst und ohne äußere Hilfe erreichen und – vor allem – kontrollieren kann.
Beispiel: Das kontrollierte Heben des gestreckten Beins in eine maximale Höhe

Die Flexibilität...

...beinhaltet, im Gegenteil zur Mobilität, das passive Bewegungsausmaß, erreicht durch äußere Kräfte, wie z. B. durch Ziehen oder die Unterstützung eines Partners.
Beispiel: Ein Spagat mithilfe eines Partners

Gegenüber dem klassischen, reinen Dehnen setzt das Mobilitätstraining heute vor allem auf Bewegungsverständnis, ein besseres neuronales Zusammenspiel von Körper und Geist sowie auf die Kräftigung der Muskeln in ihren entsprechenden Gelenkwinkeln. Dem Körper wird dabei also quasi gezeigt, in welche Haltung er kommen soll und welche Muskeln daran beteiligt sind. Auf diesem Wege versprechen sich die Sportler eine bessere und effizientere Steuerung ihrer Bewegungen sowie ein reduziertes Verletzungsrisiko durch weniger Dysbalancen oder Instabilität.

5

In Bezug auf das Parkour-Training bietet das Mobilitätstraining ebenfalls viele Vorteile. So müssen Traceure in untypischen oder besonders weiten Gelenkwinkeln hohe Kräfte erzeugen und absorbieren, zeitgleich aber stabil und in Balance bleiben können. Die gewünschten Bewegungen sind zudem sehr komplex und koordinativ meist anspruchsvoll.

Eine bessere Kommunikation von Gehirn, Nerven und Muskulatur würde einem gut mobilisierten Athleten also auch die Ansteuerung und Bewegungsausführung erleichtern. Der Traceur wäre also nicht nur „gut gedehnt", sondern vermutlich allgemein leistungsfähiger.

5.3   Koordinative Fähigkeiten

Neben den konditionellen bilden vor allem die **koordinativen Fähigkeiten** eine weitere, wichtige Grundlage für die Leistungsfähigkeit eines Traceurs. Diese könnten als der Werkzeugkasten betrachtet werden, der notwendig ist, um Teilbewegungen, Techniken oder Runs zu ermöglichen und zusammenzusetzen, sowie den Körper überhaupt erst innerhalb der Umwelt agieren zu lassen.

Bedingt werden die koordinativen Fähigkeiten dabei besonders durch bisherige Erfahrungen. Je mehr vielfältige Erlebnisse der Sportler schon erlebt und je mehr diverse Informationen er bereits gesammelt hat, desto besser bildet sich auch dessen Koordination aus.

Durch den hohen kognitiven Anteil an der Koordination spielen aber auch Ermüdung, Motivation oder Intelligenz eine tragende Rolle. Am besten lassen sich koordinativ anspruchsvolle Inhalte also dann erlernen, wenn man besonders wach, aufnahmefähig und durch ähnliche Inhalte vorbereitet worden ist.

Die koordinativen Fähigkeiten lauten:

Die Differenzierungsfähigkeit...

...beschreibt, einen Bewegungsablauf sicher und genau ausführen und situationsgerecht anpassen zu können.
Beispiel: Präzisionssprung auf ein nahes oder ein weit entferntes Hindernis

Die Orientierungsfähigkeit...

...bezeichnet die Fähigkeit, sich gut im Raum orientieren zu können – auch über Kopf.
Beispiel: Die eigene (Körper-)Position während eines Sprungs kennen.

Die Rhythmisierungsfähigkeit…

…bedeutet, einen vorgegebenen Bewegungsrhythmus schnell verstehen und ausführen zu können.
Beispiel: Anlaufrhythmus beim Split-Foot

Die Kopplungsfähigkeit…

…bezeichnet das Können, einzelne Teilbewegungen sinnvoll und zeitlich schnell hintereinander hängen zu können.
Beispiel: Anlauf, Absprung, Stützphase und Landung bei einem Überwindungssprung

Reaktionsfähigkeit…

…heißt, nach einem Reiz oder einem unvorhergesehenen Ereignis schnell motorisch handeln zu können.
Beispiel: Nach einem Sturz beim Balancieren schnell die Stange greifen

Die Umstellungsfähigkeit…

…bezeichnet, wie gut man in der Lage ist, seine motorischen Handlungen auf eine Veränderung in der Umwelt einzustellen.
Beispiel: Landung auf einer Mauer vs. Landung auf einem Geländer

Gleichgewichtsfähigkeit…

…bedeutet, dass man seinen Körper oder Gegenstände in Balance halten kann.
Beispiel: Laufen auf einer dünnen Stange

5

Da im Parkour viele, meist komplexe Teilbewegungen koordiniert, die Umwelt mit betrachtet und zudem sehr schnell agiert werden muss, wird den Traceuren eine extrem hohe Koordinationsfähigkeit abverlangt. Speziell das Gleichgewicht, ihre Umstellung auf neue Spots und Hindernisse sowie die Orientierung im Raum in den Flugphasen sind dabei elementar für die Athleten.

Eine gute Koordination kann ihnen also als notwendige Grundlage dienen, um neue Bewegungen zu erlernen, immer komplexere Abfolgen zu realisieren oder unter hohem Druck zu arbeiten; beispielsweise, wenn sie ihre Landung beim Absprung noch nicht sehen können (Situationsdruck) oder wenn sie besonders schnell und präzise sein müssen (Zeitdruck).

Während die meisten dieser Fähigkeiten sich zwar schon durch das gewöhnliche Training verbessern und anpassen sollten, greifen einige Traceure dennoch zu kleinen Hilfsmitteln, um sich darüber hinaus herauszufordern.

So ist es ein beliebtes Mittel im Koordinationstraining, die Informationen bestimmter Sinnesorgane auszuschalten, indem man z. B. blind oder taub trainiert. Auf diese Art und Weise muss das Gehirn dann vermehrt auf die übrig gebliebenen Eindrücke achten und kann so trainiert werden.

Ebenfalls kann der Zeit- und Situationsdruck erhöht werden, indem man versucht, besonders schnell, genau oder präzise zu entscheiden und zu handeln. So müssen Bewegungsabläufe schneller ausgewählt und Techniken schneller ausgeführt werden. Möglichkeiten bieten dabei Zeitlimits, Gegner oder auch erhöhte Konsequenzen (z. B. Höhe oder Wasser). Klappt es unter erhöhtem Druck, so sollte es ohne kaum mehr ein Problem darstellen.

5.4 Körperliche Anpassung: Das sportliche Training

Nachdem bereits die wichtigsten körperlichen Fähigkeiten kurz umrissen worden sind, die die Leistungsfähigkeit eines Sportlers beeinflussen, sollen nun die wichtigsten Grundlagen physiologischer Anpassungsprozesse vorgestellt werden, welche ein sportliches Training anstoßen können. Denn, wie eingangs beschrieben, stehen die sportliche Leistungsfähigkeit und die ihr zugrunde liegenden Fähigkeiten in einer ständigen Wechselwirkung zueinander. Folglich sind diese nicht nur durch Training beeinflussbar, sondern wirken sich bestenfalls auch wieder positiv auf die Leistung des Traceurs aus.

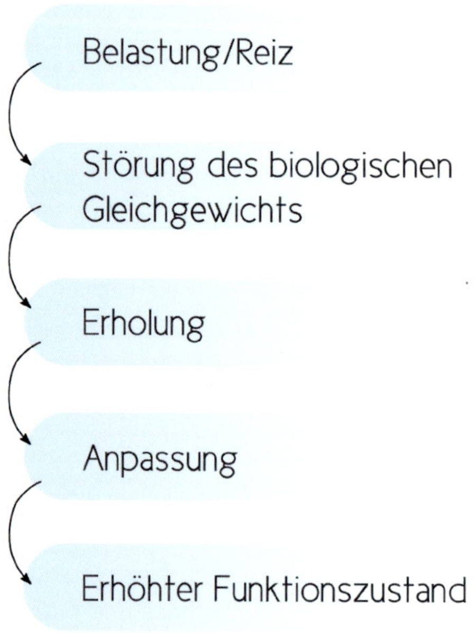

Belastung/Reiz

Störung des biologischen Gleichgewichts

Erholung

Anpassung

Erhöhter Funktionszustand

Abb. 26: Die Ursache-Wirkungs-Kette beschreibt den Weg von einem ersten Reiz bis hin zur darauf folgenden Veränderung.

In der Sportwissenschaft wird ein **sportliches Training** definiert als ein komplexer Handlungsprozess mit dem Ziel der individuellen, planmäßigen und sachorientierten Entwicklung der sportlichen Leistungsfähigkeit (Weineck, 2007). Zwar ist dies im Parkour nicht immer der Fall, da viele Traceure eher ungeplant und spielerisch agieren, kann aber dennoch als Grundlage herangezogen werden.

Allgemein stößt ein sportliches Training, es spielt keine Rolle, mit welchem übergeordneten Ziel, die sogenannte **biologische Ursache-Wirkungs-Kette** an, indem es im Körper spezielle Reize setzt (siehe Abb. 26).

Diese Reize im Körper ziehen dann Anpassungsprozesse nach sich. Das Ergebnis dieser Anpassungsprozesse wirkt sich schließlich auf die sportliche Leistungsfähigkeit aus. Damit diese Auswirkungen aber positiv sind und optimal genutzt werden können, gilt es, besondere **Prinzipien der Belastung** zu beachten.

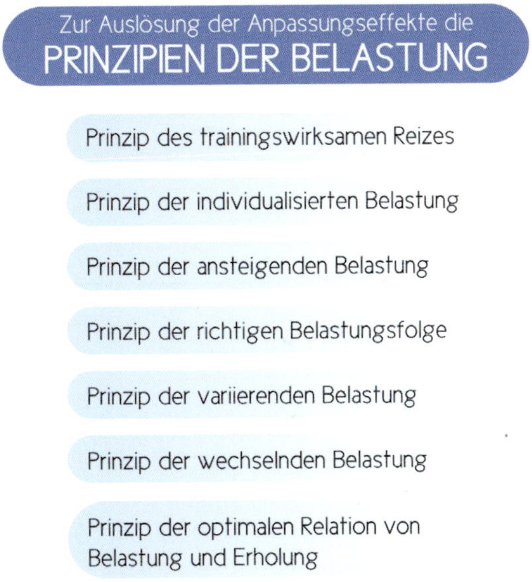

Zur Auslösung der Anpassungseffekte die
PRINZIPIEN DER BELASTUNG

Prinzip des trainingswirksamen Reizes

Prinzip der individualisierten Belastung

Prinzip der ansteigenden Belastung

Prinzip der richtigen Belastungsfolge

Prinzip der variierenden Belastung

Prinzip der wechselnden Belastung

Prinzip der optimalen Relation von Belastung und Erholung

Abb. 27: Die Belastungsprinzipien (basierend auf Weineck, 2007, S. 48; verändert nach Grosser, Brüggemann & Zintl, 1986)

5

Während diese Prinzipien für strukturierte und geplante Trainingseinheiten schnell klar erscheinen mögen, sind sie in einem eher informellen und freien Parkour-Rahmen nicht immer kontrollier- oder nachvollziehbar. Umso mehr sollten sich Traceure also Gedanken machen, ob sie trotz des schönen Wetters den fünften Tag in Folge herausgehen sollten (Prinzip der optimalen Relation von Belastung und Erholung), ob ihr Fokus auf Präzisionssprünge nicht gegebenenfalls zu eintönig ist (Prinzip der variierenden Belastung) oder ob sie wirklich mit maximalen Weiten in das Training einsteigen möchten (Prinzip der richtigen Belastungsfolge).

Zwar sind „Verstöße" gegen die Prinzipien nicht sofort oder per se schädlich, könnten auf Dauer aber in Verletzungen, Schmerzen oder Leistungsabfall enden. Ratsam wäre es daher, dass sich auch Hobby-Traceure ein wenig mit ihrer Trainingssteuerung und der groben Auswahl ihrer Inhalte befassen. Zwar müssen sie ihr Training nicht gleich planen, sollten aber ein Grundverständnis der oben stehenden Prinzipien im Blick behalten.

Werden von ihnen die Trainingsreize nun zu optimalen Zeitpunkten gesetzt, so ergibt sich eine (stetige) **Steigerung des Leistungsniveaus**.

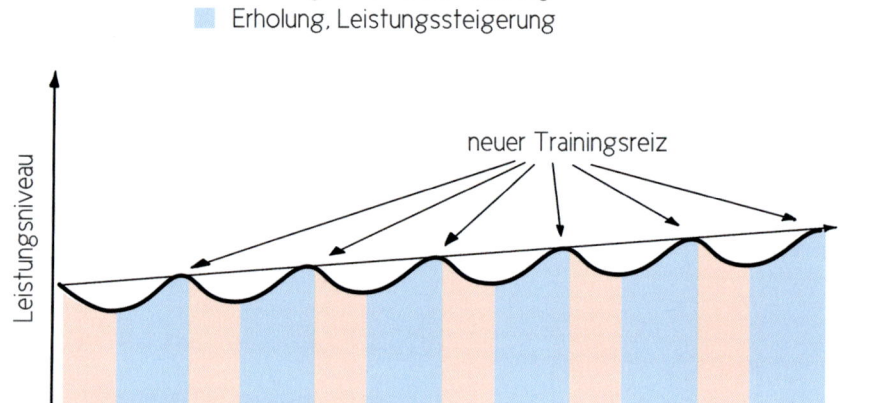

Abb. 28: Optimales Training (basierend auf Kuhn, Nüsser, Platen & Vafa, 2004, S. 66)

Diese Steigung basiert und wird ermöglicht durch das Prinzip der **Superkompensation**. Das gereizte Organ kommt am Ende der Regenerationsphase (Erholung) nach einer Belastung in einen Zustand der zeitweisen Leistungsfähigkeit, die über dem vorherigen Leistungsniveau liegt. Damit versucht der Körper, sich auf eine erneute Belastung dieses Ausmaßes vorzubereiten, für die er zuvor noch nicht ausreichend gewappnet war. Wird der neue Trainingsreiz nun in genau diese Phase gesetzt, wird ein progressiver Leistungsanstieg ermöglicht (Kuhn et al., 2004).

In der Praxis kennen Traceure dies vielleicht daher, dass sie ein paar Tage nach einer letzten, sehr beinintensiven Session wieder erste Sprünge machen und merken, dass sie ohne viel Aufwand plötzlich weiter springen als sonst. Hier ist die Superkompensation am Werk!

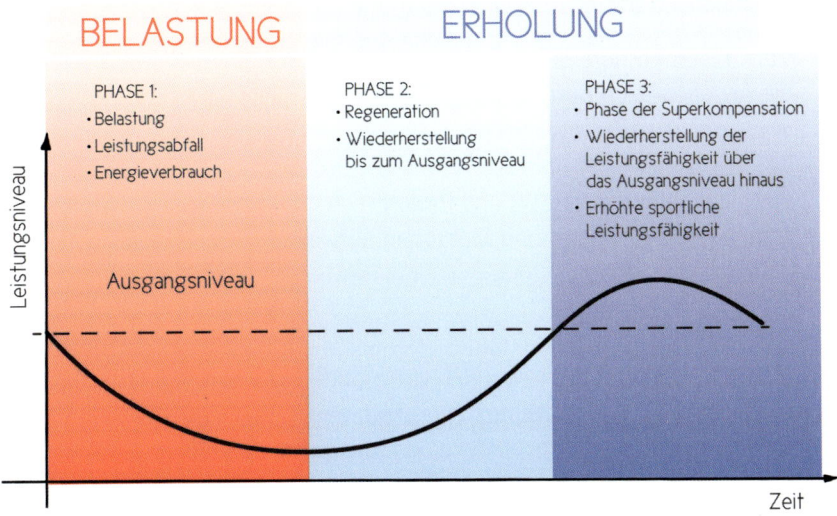

Abb. 29: Das Superkompensationsmodell (basierend auf Kuhn et al., 2004, S. 66)

Trainingswissenschaftlich wäre es also sinnvoll, die Beine an diesem Tag erneut zu fordern, um wieder einen neuen Reiz zu setzen, bevor die nur kurze Phase der erhöhten Leistungsfähigkeit wieder zu Ende ist und die Sprungkraft wieder auf ihr Ursprungslevel zurückkehrt.

> **HINWEIS**
>
> **Wie lange genau die Regeneration dauert, bevor der optimale Zeitpunkt für das nächste Training ansteht, um die Superkompensation zu nutzen, hängt von der Zeit ab, die die körperinneren Strukturen benötigen, um sich wieder zu erholen und zu heilen. Dies kann schon mal drei oder mehr Tage dauern.**

5.5 Strukturierung einer Trainingseinheit

Als Athlet oder Übungsleiter ist man in der Position, Training zu strukturieren und in sinnvolle Abschnitte einteilen zu müssen. Dabei kann einen die Beachtung der richtigen Belastungsprinzipien, die Vermittlung sinnvoller Lerninhalte und ein möglicher Zeitdruck manchmal ganz schön ins Schwitzen bringen!

Zum Glück gibt es aber kleine Tipps und Hilfen, die einem bei der Planung und Auswahl der Inhalte dienlich sein können.

Generell gilt eine Sporteinheit als gut, wenn sie…

- …sinnvoll strukturiert ist.
- …die gegebene Zeit optimal nutzt.
- …eine hohe reale Bewegungszeit bietet.[12]
- …die Teilnehmer mit einbindet.
- …die Teilnehmer unterstützt und fördert.
- …stimmige Ziele, Inhalte und Methoden aufweist.

(verändert nach Gebken, 2003)

Neben diesen Qualitätskriterien gibt es aber vor allem noch trainingswissenschaft-liche Herangehensweisen, die eine sinnvolle Struktur geben können. Hier wird meist von einer Dreiteilung in **Erwärmung**, **Hauptteil** und **Schluss** gesprochen.

5.5.1   Die Erwärmung

Die Erwärmung (auch: *Warm-up*) besteht hauptsächlich aus der Begrüßung der Teil-nehmer und der Vorbereitung auf die folgenden Kerninhalte der Trainingseinheit. Dabei sollte, neben den ersten relevanten Informationen über die geplante Session und den gesundheitlichen Zustand der Teilnehmer, vor allem der Körper und Geist altersgerecht auf die folgenden Belastungen und Anforderungen des späteren Hauptteils eingestimmt werden. Dies kann durch Spiele, kleine Herausforderungen oder erste, ruhige Bewegungsaufgaben geschehen.

Eine mögliche Erwärmung könnte also wie folgt aussehen:

- Begrüßung der Teilnehmer;
- kurze Erläuterung der folgenden Trainingsschwerpunkte;
- Gesundheitsabfrage;
- Herz-Kreislauf-Erwärmung;
- Mobilisation sowie
- Fokussierung und Konzentration.

IDEE

Auch pädagogische Inhalte (wie Vertrauen oder Kommunikation) können durch ausgewählte Inhalte in der Erwärmung schon mit aufgegriffen werden (z. B. durch Partnerarbeit).

---

12   *Reale Bewegungszeit = die Zeit, die die Teilnehmer sich wirklich in Bewegung befinden. Pausen, Gesprä-che, Umziehen und Co. zählen also nicht mit dazu.*

5.5.2   Der Hauptteil

Der Hauptteil einer Trainingseinheit im Parkour zeichnet sich durch die Vermittlung der geplanten Kerninhalte aus (z. B. Techniken, Spielformen zu pädagogischen Werten o. Ä.). Hier wird vorgeschlagen, mit den koordinativ anspruchsvollen Inhalten zu beginnen, da die Teilnehmer zu Beginn noch aufnahmefähiger und wacher sind. Später können dann vor allem freie, ungeleitete Phasen sinnvoll sein. In diesen kann das neue Wissen und Können selbstständig und kreativ angewandt und in eigene Herausforderungen integriert werden.

Ein möglicher Hauptteil könnte also wie folgt aussehen:

- Vermittlung der geplanten Kerninhalte sowie
- selbstständige Bewegungsphase.

5.5.3   Der Schluss

Das Ende einer Trainingseinheit bietet vielfältige Möglichkeiten. Neben der Reflexion der Stundeninhalte könnten die Teilnehmer hier noch einmal so richtig ausgepowert, aber auch entspannt werden.

Je nachdem, wie intensiv die Anforderungen des Hauptteils für die Teilnehmer waren, kann die Belastung des Abschlusses mehr oder weniger fordernd gewählt werden. Häufig finden sich in Parkour-Angeboten aber noch nervenzehrende Kraftzirkel am Ende, bevor sich schlussendlich mit kleinen Entspannungs- oder Mobilisationsübungen voneinander verabschiedet wird.

Der Fokus liegt dabei oftmals auf dem Aspekt des gemeinsamen Durchbeißens. Das gemeinsame, als Gruppe erlebte Schwitzen und Leiden wird im Parkour seit jeher als authentischer Weg betrachtet, um den Teilnehmern einen starken Geist, Willenskraft und Durchhaltevermögen näherzubringen.

5

Zuletzt können die wichtigsten Inhalte der Einheit dann noch einmal auf den Punkt gebracht und besprochen, Lernziele zusammengefasst und schließlich in einen sinnvollen Gesamtkontext eingebunden werden. Das Erlernte wird – wenn nötig – benannt und eingeordnet.

Ein möglicher Schluss könnte also wie folgt aussehen:

- Reflexion der Kerninhalte;
- Abschlussspiel *oder* Krafttraining;
- gemeinsame Entspannung und
- Abschlussbesprechung.

KAPITEL 6

Kapitel 6

GRUNDLAGEN DER BEWEGUNGSVERMITTLUNG

Bisher wurden die Geschichte und Definitionen von Parkour, das pädagogische Potenzial der Sportart sowie die Grundlagen eines Trainings in verschiedenen Kontexten beleuchtet. Nun aber stellt sich die Frage, auf welche Art und Weise die Disziplin konkret vermittelt werden kann und welche methodischen und pädagogischen Kompetenzen dazu notwendig sind.

6.1   Die Aufgaben eines Trainers

Die Aufgaben eines Trainers sind vielfältig. So gibt er zum einen den organisatorischen Rahmen und die groben Inhalte einer Einheit vor, zum anderen aber sorgt er sich auch um das Wohlbefinden sowie akute Vorfälle innerhalb seiner Gruppe. Er kümmert sich um Sicherheit oder Motivation, aber auch um den Transfer von Erlebtem.

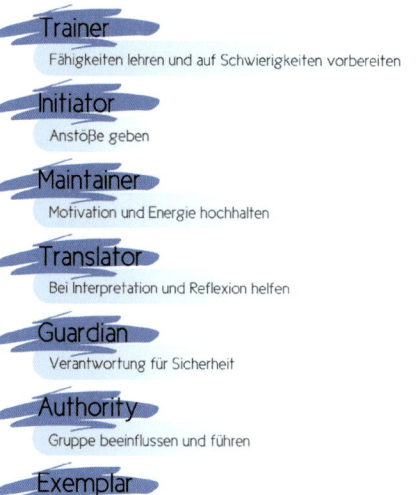

Trainer
Fähigkeiten lehren und auf Schwierigkeiten vorbereitet

Initiator
Anstöße geben

Maintainer
Motivation und Energie hochhalten

Translator
Bei Interpretation und Reflexion helfen

Guardian
Verantwortung für Sicherheit

Authority
Gruppe beeinflussen und führen

Exemplar
Verhaltensmuster vorleben

Abb. 30: Die Rollen eines Parkour-Trainers (basierend auf Priest & Gass, 2017)

Folglich muss ein Trainer gleich mehrere Kompetenzen mitbringen, um diesem komplexen Anforderungsprofil gerecht zu werden. Neben sportartspezifischem Fachwissen stellen dabei sowohl wissenschaftliche Grundlagen als auch pädagogische Fertigkeiten einen großen Teil der benötigten Fähigkeiten eines Trainers dar.

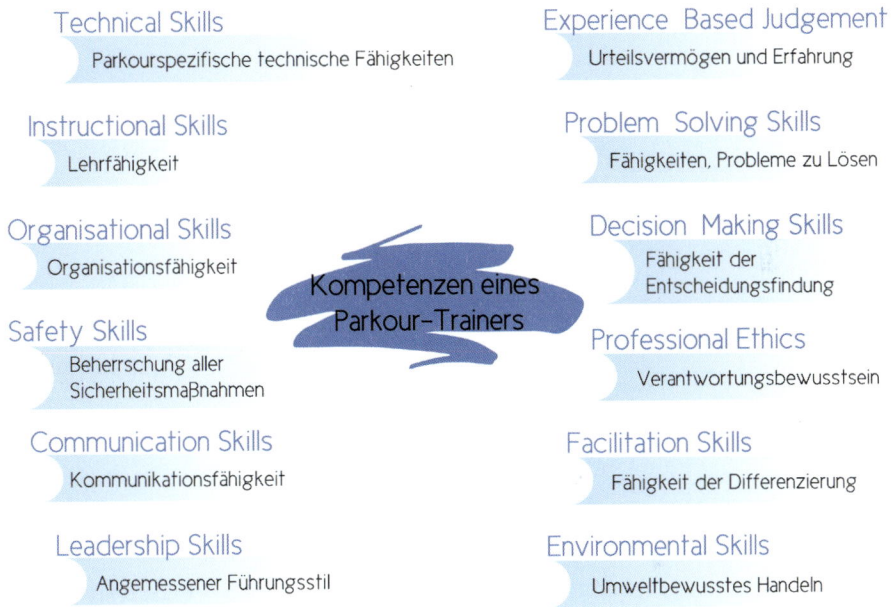

Technical Skills
Parkourspezifische technische Fähigkeiten

Instructional Skills
Lehrfähigkeit

Organisational Skills
Organisationsfähigkeit

Safety Skills
Beherrschung aller Sicherheitsmaßnahmen

Communication Skills
Kommunikationsfähigkeit

Leadership Skills
Angemessener Führungsstil

Experience Based Judgement
Urteilsvermögen und Erfahrung

Problem Solving Skills
Fähigkeiten, Probleme zu Lösen

Decision Making Skills
Fähigkeit der Entscheidungsfindung

Professional Ethics
Verantwortungsbewusstsein

Facilitation Skills
Fähigkeit der Differenzierung

Environmental Skills
Umweltbewusstes Handeln

Kompetenzen eines Parkour-Trainers

Abb. 31: Die Kernkompetenzen eines Parkour-Trainers (basierend auf Priest & Gass, 2017)

Parkourspezifisch bedeutet das also, dass der Übungsleiter nicht nur Wissen über bestimmte Techniken, sinnvolle Lehrmethoden oder die Parkour-Werte hat, sondern auch grundlegende sportwissenschaftliche Prozesse, verschiedene Führungsstile und den Transfer von Erlebtem auf die Persönlichkeits- und Leistungsentwicklung seiner Schützlinge beherrschen sollte.

Mit Blick auf die in Kap. 4 vorgestellten pädagogischen Potenziale von Parkour ergibt sich somit ein klarer Handlungsauftrag für einen Parkour-Trainer:

Basierend auf Wissen über die Philosophie und Hintergründe der Disziplin, welche er vermitteln sollte, ist es Aufgabe des Trainers, den Teilnehmern Erfahrungen zu ermöglichen, die ihnen sowohl die physische Komponente des Parkour-Sports als auch die Werte dahinter authentisch erlebbar machen.

Durch das Anstoßen und Führen gemeinsamer Reflexionen können die Schüler so lernen, ihre Erfahrungen bewusst einzuordnen und zu benennen. Zuletzt sollte der

Trainer ihnen dann die Möglichkeit lassen, ihre gewonnenen Erkenntnisse auch anzuwenden und mit anderen zu teilen.[13]

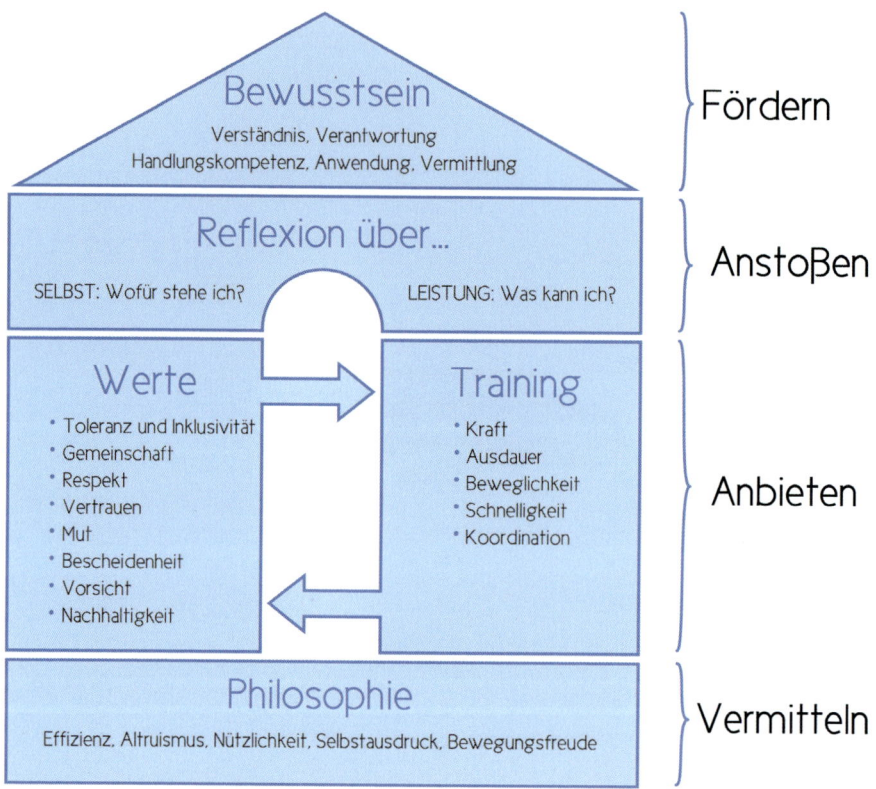

Abb. 32: Die hierarchische Darstellung einer möglichen, ganzheitlichen Parkour-Vermittlung, inklusive der Aufträge an den Übungsleiter

Nichtsdestotrotz bleibt Parkour natürlich eine praktische Sportart, in der die Bewegungsvermittlung die wohl grundlegendste und zentralste Rolle spielt. So müssen Techniken z. B. verstanden, methodisch erarbeitet und schließlich vermittelt werden. Um diesem technischen Anforderungsbereich, aber auch den anderen Kompetenzen gerecht zu werden, behandeln die folgenden Kapitel nun die grundlegendsten Fähigkeiten, die ein Parkour-Trainer für seinen Alltag benötigt.

---

13 *Diese Struktur basiert auf bekannten Modellen der Erlebnispädagogik, wie z. B. der **E-Kette** (Michl, 2020) oder dem **Experiential Learning Cycle** (Kolb, 1984).*

6.2   Grundlagen der Gruppenführung

Um Trainer zu sein, braucht man eine Gruppe. Damit die eigenen Inhalte aber auch bei dieser Gruppe ankommen, sollten gewisse Rahmenbedingungen und Umgangsformen im Vorhinein bewusst gemacht und geklärt werden. Diese dienen im Endeffekt aber nicht nur dem optimalen Lernerfolg der Teilnehmer, sondern sorgen im Bestfall auch für Sicherheit, eine positive Grundatmosphäre und schlussendlich für viele zufriedene Gesichter.

6.2.1   Allgemeine Organisation

Der erste, die Gesamtorganisation bestimmende Faktor ist selbstverständlich die **Größe** und **Zusammensetzung der Gruppe** selbst.

So beeinflussen Teilnehmerzahl, Altersklasse oder weitere demografische Merkmale direkt und unmittelbar die möglichen Lernziele und Möglichkeiten, an denen gearbeitet werden kann.

Wie genau die Zusammensetzung und der **Betreuungsschlüssel** – also Teilnehmer pro Übungsleiter – aber auszusehen hat, entscheiden die Schulen, Vereine oder Angebotsträger meistens selbst.

Während im klassischen Sportverein oftmals eine 1:12-Betreuung vorgesehen ist, stehen Lehrer in der Schule nicht selten alleine vor 33 Schülern (Schlüssel 1:33) – und das kann gefährlich werden! Grundsätzlich sollte gelten, dass nur so viele Teilnehmer pro Trainer zugelassen werden sollten, dass dieser im Rahmen seiner Aufsichtspflicht jederzeit für ihre Sicherheit garantieren kann.

Da im Individualsport Parkour aber möglicherweise jeder Teilnehmer eigenständig trainiert, ist es für einen Übungsleiter stellenweise unmöglich, jeden von ihnen dauerhaft im Auge zu behalten – vor allem outdoor.

Dementsprechend sollte bei Parkour-Angeboten auf einen zu hohen Betreuungsschlüssel verzichtet werden. Eine realistische, erprobte Zahl ist hier ein Schlüssel zwischen 1:6 und 1:12, der je nach Rahmen und Zielgruppe des Angebots natürlich variieren kann.

Ein weiterer rahmenbestimmender Faktor ist die **Zeit**.

Während indoor viele materialintensive Aufbauten sowohl aufgebaut als auch gesichert und später wieder abgebaut werden müssen, sind es outdoor oft die Wege zu oder zwischen den Spots, die den Teilnehmern wertvolle Kurszeit rauben. Aus diesem Grund sollten derartige Verzögerungen von vornherein mitbeachtet und berücksichtigt werden! Vorgefertigte Aufbaupläne, klar definierte Zuständigkeiten im Aufbau oder ein Treffen direkt am Spot bieten sich zur Zeitersparnis an.

6

Da Parkour zudem ein äußerst kraftraubender und schweißtreibender Sport sein kann, sollten überdies kleine Unterbrechungen zum Trinken, Ausruhen oder Durchatmen eingeplant werden.

Zuletzt stellt sich dann die Frage nach dem zur Verfügung stehenden **Material**.

Ob indoor oder outdoor: Plane ich meine Einheit mit bestimmten Hindernissen, Materialien oder Gerätehilfen, so sollte ich im Vorhinein überprüfen, ob diese sowohl vorhanden und zugänglich, als auch in einem einwandfreien Zustand sind. Gerade Outdoorspots sollten aus diesem Grund vom Übungsleiter schon vor Kursbeginn einmal begangen und begutachtet worden sein.

Sind nun alle grundlegenden organisatorischen Fragen geklärt, können die Teilnehmer kommen!

6.2.2 Kommunikation

Eine gute Kommunikation ist das wohl stärkste Werkzeug eines jeden Trainers – wenn nicht sogar jedes Menschen. Sie sorgt nicht nur für die Vermittlung von Informationen, sondern lässt uns auch an Gedanken, Gefühlen oder Ideen anderer Menschen teilhaben. Ob mit Worten, dem Körper oder mit Taten: **Man kann nicht nicht kommunizieren** (Watzlawick, Beavin & Jackson, 1974)!

Folglich kann eine klug eingesetzte **Kommunikationsstrategie** des Übungsleiters den Teilnehmern nicht nur Wissen, sondern auch Empathie, Sicherheit und Stärke vermitteln.

Abb. 33: Coach Nico Vanhole bei einem Workshop auf der „RuhrJAM 2019"

Wichtig ist dabei, dass die Art der Kommunikation der **Alters-** und **Zielgruppe angemessen** gewählt ist. Demnach sollte mit Kindern beispielsweise anders umgegangen werden als mit Jugendlichen oder Erwachsenen. Während bei Kindern also z. B. eher eine einfache und bildhafte Sprache verwendet wird, können bei Älteren auch komplexere Begriffe, Themen oder Aufgaben kommuniziert werden.

Weiter ist es elementar, dass eine **positive**, **sich unterstützende** und **zielorientierte** Kommunikation gepflegt wird. Dabei sollten also niemals Teilnehmer vorgeführt oder bloßgestellt werden (z. B. als Demonstration eines schlechten Beispiels) und Kritik ausschließlich in einer ehrlichen, positiven und motivierenden Weise geäußert werden. In einer wertschätzenden Kommunikation war eine Bewegung also nicht „schlecht", sondern hat noch „Potenzial zur Verbesserung".

Auch lohnt es sich, klassische **Feedbackregeln** zu verfolgen. So wäre es wünschenswert, erst etwas Positives zu benennen, dann (objektive) Kritik zu äußern und schließlich einen ursachenorientierten Lösungsansatz zu bieten.

Zuletzt sollte die Kommunikation eines Übungsleiters stets klar, direkt und deutlich sein. Die Teilnehmer sollten sich dadurch jederzeit über organisatorische, sicherheitsrelevante oder inhaltsbestimmende Dinge im Klaren sein.

Hier empfiehlt es sich, die Gruppe für gewisse Ansagen gut zu positionieren, Ablenkungen zu vermeiden, laut und deutlich zu sprechen sowie die wichtigsten Kerninhalte der Ansprache am Ende noch einmal in einfachen Worten zu wiederholen.

Grundsätzlich dient eine gute Kommunikation aber nicht nur der Übermittlung von Inhalten, wie z. B. Aufgaben oder Feedback, sondern hat auch einen direkten Einfluss auf das Selbstbild, den Selbstwert oder die Gefühle der Teilnehmer. Im Sinne einer ganzheitlichen Ausbildung der Sportler zu (auch mental) gesunden und starken Menschen ist es also unabdinglich, dass auch hier die drei psychischen Grundbedürfnisse – Kompetenz, Autonomie und soziale Eingebundenheit – wieder berücksichtigt werden (Deci & Ryan, 2008).

6

Teilnehmer sollten demnach eigene Entscheidungen treffen dürfen, ihr Gefühl der eigenen Kompetenz sollte durch faires und motivierendes Feedback unterstützt, und die Gruppe zu einer Einheit geformt, anstatt gegeneinander ausgespielt werden.

Der Übungsleiter übernimmt dafür die Verantwortung, indem er seine Inhalte, Ansprachen und Gruppenführung entsprechend wählt. Dabei wäre es wünschenswert, wenn dessen eigene **Autorität** durch seinen Wissensvorsprung entstünde, von dem die Teilnehmer lernen wollen, anstatt durch eine harte Hand in Sachen Strafen, Regeln oder unangebrachter Härte.

Generell bietet es sich aus diesem Grund im Umgang mit Gruppen an, eigene **Kommunikationsregeln** aufzustellen und von allen Teilnehmern diese in einem bildhaften *Vertrag* unterschreiben zu lassen. Somit kann sich im späteren Verlauf immer wieder hierauf bezogen werden und allen Teilnehmern sind die Grundpfeiler des gewünschten Umgangs miteinander bekannt. Gerade im Parkour lässt sich dies ganz praktisch mit den Werten der Sportart verbinden.

Aber auch andere Rituale können helfen, die Kommunikation weiter zu vereinfachen.

6.2.3   Rituale

Ein **Ritual** beschreibt in der Lehre den festgeschriebenen Handlungsablauf einer Gruppe, welcher zur Struktur, Orientierung und Sicherheit beitragen soll (Alberts, Bosch & Schier, 1991; Straub, 2015). Dabei können beispielsweise bestimmte Handlungen (z. B. Begrüßungen), zeitliche Abläufe (z. B. die Folge bestimmter Übungen), oder auch zwischenmenschliche Umgangsformen (z. B. die Art des Feedbackgebens) ritualisiert werden.

Als großer Nutzen derartiger Rituale werden gleich mehrere Aspekte hervorgehoben: So gelten sie nicht nur als immer wiederkehrende Stütze für die Teilnehmer, an der sie sich orientieren und halten können, sondern auch als rhythmisierendes Element, welches dem Unterricht eine klare Struktur mit eindeutigen Signalen geben kann. Einmal implementiert, können sie somit sogar Zeit sparen, welche sonst für sich wiederholende Erklärungen o. Ä. notwendig werden würde.

© Dennis Karotsch

Abb. 34: Die „Faust" dient meistens als Zeichen der geteilten Freude nach einer gemeisterten Herausforderung.

Zudem gelten Rituale als identitätsbildend für die Gruppe. Jeder Teilnehmer kann sich mit den eigenen Abläufen, Handlungen und Signalen seiner Gruppe identifizieren und diese mitgestalten. Auf diese Art und Weise werden sie zum Teil des Erlebnisses und des Selbstverständnisses aller Beteiligten.

Im Parkour können derartige Handlungen und Signale ebenfalls sinnvoll eingeführt werden. Sinnvolle Beispiele aus der Praxis kommen aus mehreren Bereichen:

So kann ein **Ablaufritual** beispielsweise eine immer gleiche Abfolge von Handlungen sein, welche die Struktur einer (Teil-)Einheit definiert oder Wechsel dieser signalisiert. Konkret könnten sich die Teilnehmer einer Outdoorgruppe so z. B. nach ihrer Ankunft erst begrüßen, bevor sie gemeinsam den Spot auf Gefahren hin kontrollieren, diese gegebenenfalls beseitigen und sich anschließend zur ersten Besprechung mit dem Übungsleiter in einem Kreis aufstellen.

Gleichermaßen indoor: Bevor eine Gerätelandschaft freigegeben werden würde, könnte der Übungsleiter mit der Gruppe z. B. alle sicherheitsrelevanten Aufbauten begutachten. Somit generiert er nicht nur eine höhere Sensibilität bei der Gruppe, sondern sichert sich im Schadensfall auch vor der Versicherung darüber ab, seine Teilnehmer über alle Gefahren informiert zu haben.

Ebenfalls können **Sicherheits-** oder **Kommunikationsrituale** noch einen Schritt weitergehen und die Teilnehmer feste Handlungs- und Denkweisen in ihre eigene Trainingsroutine übernehmen lassen.

Ein gängiges Ritual in der Praxis ist z. B., dass jeder Traceur vor einem Sprung seine Landeflächen kontrolliert oder sich, bei kniffeligen Herausforderungen, mindestens einen Alternativplan überlegt, sollte der gedachte Sprung nicht so klappen, wie geplant.

6

Ein immer gleiches Stichwort könnte so für Risiken sensibilisieren, ohne dass viele Worte genutzt oder konkrete Fragen gestellt werden müssten. Ob das nun ein Finger (beziehungsweise der dazugehörige Begriff) von *ParkourONEs Fünf-Finger-Modell* (z. B. Zeigefinger für Vorsicht) oder ein gruppeninterner Insider ist, wie die Frage: „Plan B!?" – Hauptsache, es erfüllt seinen Zweck.

Besonders spannend sind in vielen Freizeitsportkursen aber die **gruppenbildenden** Rituale. Zwar entstehen diese oftmals aus Versehen, wie ein bestimmter Spruch, der plötzlich zum Mantra der Gruppe wird, sie können aber auch gezielt ausgesucht werden. Ob dies nun ein gruppeneigener Handschlag oder eine Aufnahmezeremonie für Neulinge ist – der Fantasie sind keine Grenzen gesetzt.

Zu beachten ist jedoch, dass die Rituale über mehrere Einheiten hin implementiert und auch organisch aus der Gruppe heraus mitgetragen werden müssen. Erzwungene

Rituale können bei den Teilnehmern auch negative Emotionen oder abwehrende Reaktionen hervorrufen. Aus diesem Grund sollte sich der Übungsleiter vor der Einführung bestimmter Rituale folgende Fragen stellen (angelehnt an Straub, 2015):

- „Wofür benötige ich das Ritual und was soll es (pädagogisch) bewirken?"
- „Wo macht das Ritual Sinn?"
- „Kann die Gruppe das Ritual mitgestalten?"
- „Wie kann ich das Ritual schrittweise einführen?"
- „Steht das Ritual im Widerspruch zu anderen Ritualen, Werten oder Kommunikationsweisen (z. B. anderer Kurse oder Übungsleiter)?"

6.2.4 Differenzierung

Eine Gruppe ist die Zusammenkunft unterschiedlichster Individuen. Jeder Teilnehmer hat seine eigenen Stärken und Schwächen und sollte, im Rahmen der Möglichkeiten, individuell gefördert werden.

Ein Mittel, um sich auch im Sport diesem zu nähern, ist die sogenannte *Differenzierung*. Dabei versucht der Übungsleiter, eine vorgegebene Übung auf eine solche Art und Weise anzupassen, dass sie durch nur kleine Veränderungen auf die Bedürfnisse lernstärkerer oder -schwächerer Teilnehmer hin individualisiert werden kann.

So könnte in der Mobilisation im Aufwärmen z. B. das Stehen auf einem Bein *schwieriger* gemacht werden, indem ein sicherer Teilnehmer seine Augen schließt. *Erleichtert* werden könnte diese Übung hingegen durch die Zuhilfenahme eines Partners oder Gegenstands zur Stabilisierung.

Abb. 35: Differenzierungsmöglichkeiten beim Beinschwung im Warm-up: allein, mit Hilfe und mit geschlossenen Augen (von links)

Einfache Grundprinzipien, wie sich beispielsweise vom *Leichten zum Schweren* vorzuarbeiten, können dabei als Grundlage dienen.

Generell sollte ein Übungsleiter also bei der Planung seiner Unterrichtseinheit stets auf die Möglichkeiten zur leistungsangepassten Differenzierung seiner Inhalte achten. Dazu müssen im Zweifelsfall auch Geräte- oder andere Hilfen zur Verfügung gestellt werden, um jedem Teilnehmer gerecht zu werden. Denn: Parkour ist für alle da!

6.3 Grundlagen der Bewegungsvermittlung

„Motorisches Lernen beschreibt eine Reihe von Prozessen,
die, verbunden mit Übung und Erfahrung,
zu relativ dauerhaften Veränderungen der Bewegungsfähigkeit führen."

(Schmidt & Lee, 1999, S. 264)

Die oben stehende Definition von motorischem Lernen stellt die Grundlage der **Bewegungsvermittlung** dar. So enthält sie nicht nur das Ziel − eine „relativ dauerhafte Veränderung der Bewegungsfähigkeit" −, sondern auch den Weg dorthin: „Übung und Erfahrung". Und das durch eine „Reihe von Prozessen".

Welche Prozesse das genau sein können und auf welche Art und Weise diese auf das Lernen von Bewegungsmustern Einfluss nehmen können, soll im Folgenden beschrieben werden. Zuvor jedoch ist es notwendig, einige relevante Grundlagen zu klären.

Wichtig ist das Verständnis, dass das Erlernen komplexer motorischer Abläufe bei jedem Menschen unterschiedlich funktionieren kann. Methoden, die dem einen helfen, können einen anderen verunsichern. Dennoch kann uns die Forschung Hilfen und Tipps geben, welche Art und Weise der Vermittlung grundsätzlich etwas Erfolg versprechender ist als andere.

Des Weiteren ist es relevant zu begreifen, dass das Lernen von Bewegungsmustern keine einmalige Angelegenheit ist, sondern ein ständiger Prozess − mit Höhen und Tiefen (siehe Abb. 36).

Beim Erlernen von Bewegungen ist nicht nur der Körper aktiv, sondern vor allem das Gehirn. Dieses muss nicht nur verstehen, welche Muskeln es anzusteuern hat, sondern auch, in welcher Reihenfolge das passieren soll, wie diese zusammenzuspielen haben, anschließend entsprechende Verknüpfungen bilden und vieles mehr. Bewegung ist folglich vor allem nicht nur physischer, sondern auch psychischer Sport.

6

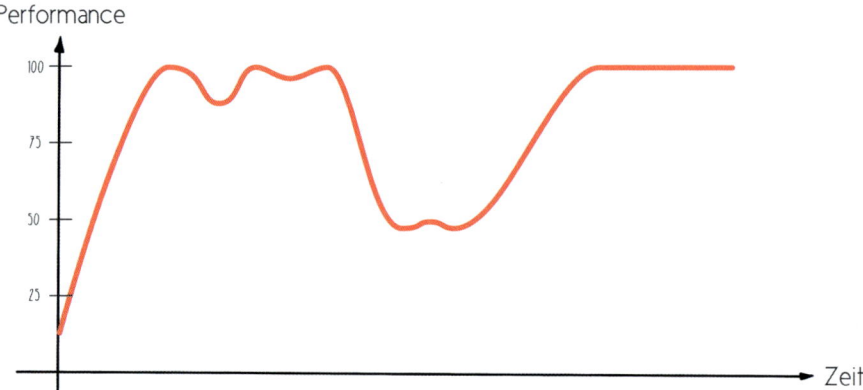

Abb. 36: Eine typische Lernkurve im Bewegungslernen hat Höhen und Tiefen.

Nichtsdestotrotz haben sich über die Jahrzehnte hinweg vier grundlegende Prämissen etabliert, welche den Teilnehmern das Lernen von Bewegungsmustern erleichtern sollen. Diese sollten stets den Hintergrund einer methodischen Konzeption darstellen. Sie nennen sich **die vier Grundprinzipien**:

1. **Vom Bekannten zum Unbekannten**
Es fällt uns Menschen leichter, neues Wissen auf der Grundlage von bereits Bekanntem und Verwandtem zu erlangen. Entsprechend sollte überprüft werden, ob die zu erlangende Fähigkeit nicht vielleicht aus einer bereits bekannten hergeleitet werden könnte.
Beispiel: Joggen mit langen, weiten Schritten → Strides

2. **Vom Leichten zum Schweren**
Der Lernprozess sollte nicht mit dem schwierigsten Teil beginnen, sondern sich besser progressiv daran annähern. Folglich sollte mit dem einfachsten Inhalt begonnen und sich schließlich vorangearbeitet werden.
Beispiel: Auf der Stelle hüpfen → Präzisionssprung

3. **Vom Einfachen zum Komplexen**
Dieser Grundsatz klingt zwar wie ein Synonym zu *Grundprinzip 2*, bedeutet aber im Kern doch etwas anderes. So geht es hier eher um die Komplexität einer einzelnen Bewegung. Ein komplexes motorisches Muster könnte so z. B. in simplere Komponenten zerlegt und später wieder zusammengefügt werden.
Beispiel: Anlauf plus Rhythmisierung der Schritte plus Aufhocken → Katze

4. Vom Können zur variablen Verfügbarkeit

Dieses letzte Grundprinzip ist für den Parkour-Sport das wohl wichtigste. Als offene Sportart[14], mit sich immer verändernden Bedingungen und Gegebenheiten, müssen die Techniken im Parkour stets an die Umwelt angepasst werden. Nach dem grundlegenden Erlernen sollten die Bewegungsabläufe also flexibel und vielfältig anwendbar sein.

Beispiel: Katze über eine Mauer → Katze über eine Stange/Schräge/Seil etc.

Ist nun also geklärt, welche Bewegungsaufgabe oder Technik den Teilnehmern gestellt und vermittelt werden soll – und ob diese auf eines (oder mehrere) der vier Grundprinzipien zurückgreift –, muss nun eine passende **Methode** ausgewählt werden.

6.3.1   Der Weg zur Zielbewegung: Induktives vs. deduktives Lernen

Induktive und **deduktive Lernansätze** beschreiben mögliche Wege, um Teilnehmern eine bestimmte Zielfertigkeit beizubringen.

Die beiden Varianten unterscheiden sich dabei in der Art und Weise, wie sie dieses Ziel erreichen möchten.

Der **induktive** Ansatz greift dazu auf einen offenen, explorativen und oft spielerischen Weg zurück. So steht am Anfang zumeist eine Bewegungsaufgabe, -herausforderung oder -demonstration. Im Folgenden dürfen sich die Teilnehmer dann selbstständig daran versuchen und haben die Möglichkeit, verschiedene Lösungsansätze zu erarbeiten. Ergibt sich dabei eine Variante als zielführend oder „korrekt", so wird diese im Anschluss verfeinert und eingeübt. Folglich wird die induktive Lehre auch als normsuchend bezeichnet.

Dem gegenüber steht der **deduktive** Ansatz. Hier wird ein klares, optimales Lösungsbild von vornherein vorgegeben und eingeübt. Dabei bestimmt der Trainer die Art und Qualität der Ausführung sowie die Methodik, wie die Fertigkeit zu erlernen ist. Aus diesem Grund wird die deduktive Lehre auch normgeleitete Lehre genannt.

6

---

14   **Offene Sportarten** *sind Sportarten, bei denen sich die Umgebung für den Sportler ständig verändert.*

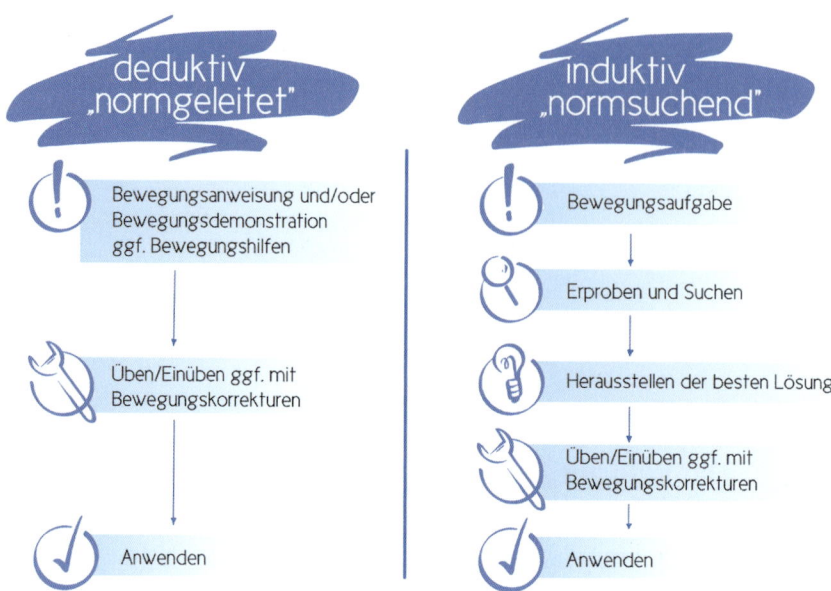

Abb. 37: Der induktive und der deduktive Vermittlungsstil

In der Sport- und Bewegungsvermittlung haben beide Ansätze ihre Berechtigung und unterscheiden sich primär in der Natur der zu lernenden Fähigkeit:

Komplexe, geschlossene Bewegungsmuster – die z. B. durch ein Regelwerk vorgegeben sind – werden häufiger deduktiv unterrichtet. Dies minimiert Fehlerquellen, ist zeiteffizient und höchst Erfolg versprechend. Zwar geschieht dies im Zweifel auf Kosten von individualisierten Lernprozessen und der Kreativität der Sportler, eigene Lösungen zu finden oder sogar ganz neue Techniken zu entwickeln, ist aber trotz der eher autoritären Vermittlung auf keinen Fall zu verwerfen.

Offene Bewegungen hingegen – welche auf Dauer immer wieder variiert oder angepasst werden sollen (oder müssen) – bieten eine passende Grundlage für einen induktiven Lehrstil. Hier sollen die Teilnehmer den für sich und die Umwelt passendsten Lösungsweg herausfinden und trainieren. Auf diese Art und Weise wird individuellen Unterschieden Raum zur Entfaltung gegeben und kreative, neuartige Lösungswege können entstehen.

Dies kostet aber Zeit und kann bei komplexeren Zielbewegungen auch schnell zu Fehlern oder Frustration führen. Nichtsdestotrotz ist dieser Weg in einem breitensportlichen Kontext, in dem es um Bewegungserfahrung und Kompetenzvermittlung, statt um Höchstleistung, geht, tendenziell zu bevorzugen.

Generell sollten induktive und deduktive Methoden aber nicht als polare Gegensätze betrachtet und behandelt werden. Teils können Elemente aus beiden zu einem **kombinierten Lehrweg** zusammengefügt werden, der das Beste aus beiden Welten vereinen kann. So könnte eine induktive Aufgabe beispielsweise mehrere Lösungsmuster hervorbringen, aus welchen anschließend eine bestimmte Technik ausgewählt und schließlich deduktiv einstudiert wird.

Beispiel: Auf verschiedenen, selbst gewählten Wegen ein Hindernis überwinden (induktiv) → den Lazy Vault als (weitere) Möglichkeit vorstellen und beibringen (deduktiv).

HINWEIS

Die Begriffe deduktiv und induktiv beziehen sich auf den Prozess der Bewegungsvermittlung und sind *nicht* universal anwendbar! Ein einfaches Aufwärmspiel, das nicht Teil einer geplanten Bewegungsvermittlung ist, ist also nicht per se induktiv!

6.3.2 Die Aufbereitung der Zielbewegung: Ganzheits- vs. Teillernmethode

Ist es nun so weit gekommen, dass eine ganz konkrete Bewegung vermittelt werden soll, bieten sich zwei prominente Arten an, um dies zu tun: die **Ganzheitsmethode** und die **progressive Teillernmethode**.

Die **Ganzheitsmethode** hat das Erlernen einer motorischen Bewegung im Ganzen zum Ziel. Dabei wird der Ablauf, oft nach einer Demonstration, in einem einzigen Schritt einstudiert.

Die **progressive Teillernmethode** – auch analytisch-synthetische Methode genannt – bricht die Zielbewegung hingegen in einzelne, funktionale Teilabläufe herunter. Diese werden individuell trainiert und später wieder zu einem Ganzen zusammengefügt.

Welcher der beiden Wege sich nun am besten anbietet, hängt vor allem von der Zielgruppe und Zielbewegung ab. Besonders komplexe oder vielschichtige Bewegungen – wie z. B. ein Wallflip – könnten von einer Zergliederung profitieren, während eher intuitive, grobe Bewegungen – wie z. B. ein Stride –, auch ohne diese auskommen können.

© Andreas Wöhle (2)

Abb. 38: Während ein Salto in einzelnen Teilschritten gelehrt wird, kann ein langer Schritt (genannt: Stride) auch ganzheitlich erarbeitet werden.

Während bei der progressiven Teillernmethode also Bewegungsverständnis, Feinkoordination und technische Abläufe besser ausgebildet werden, ist die Zusammensetzung aller Komponenten zum Schluss eine koordinativ hochkomplexe Aufgabe. Diese kann schlimmstenfalls mit Frustration oder einem nicht optimalen Fokus auf bestimmte Teilelemente einhergehen, welche intuitiv vielleicht besser hätten gelernt werden können.

Die Ganzheitsmethode hingegen lässt genau dieser Intuition Raum, eröffnet dadurch aber auch vielfältige Chancen für technische Fehler, Fehlkalkulationen und folglich: Risiken.

Die Auswahl sollte also in Anbetracht des zu erwartenden Risikos sowie der Komplexität der Zielbewegung in Abhängigkeit von der Erfahrung der Teilnehmer gefällt werden.

6.3.3   Spielen, statt zu üben?
Deliberate Practice vs. Deliberate Play

Eine weitere Idee, die das Training ein wenig auffrischen und beleben kann, stammt aus dem wissenschaftlichen Diskurs um die Begriffe der **Deliberate Practice** und des **Deliberate Plays**. Hierbei geht es um mögliche Wege, die Entwicklung, Leistung und Entscheidungsfähigkeit von Athleten positiv zu beeinflussen.

Als **Deliberate Practice** wird dabei ein sehr strukturiertes, eher arbeitsähnliches Training verstanden. Dort wird die gleiche Aufgabe wieder und wieder wiederholt. Durch diese Spezialisierung soll die Leistung verbessert werden. Fehlerminimierung und Perfektionierung steht dabei im Zentrum. Spaß muss das nicht immer machen.

Deliberate Play hingegen beinhaltet Spiele und Herausforderungen, welche intrinsisch motivierend sind, Freude zum Ziel haben und nicht zwangsläufig auf Leistungsverbesserung ausgerichtet sind. Sie sind selten sportartspezifisch, sondern weisen eher oberflächliche Gemeinsamkeiten auf. Beispiele wären typische Kinder- oder Straßenspiele.

Grundsätzlich wird davon ausgegangen, dass erfolgreiche Sportler im Kindesalter vielfältige Erlebnisse und Erfahrungen sammeln sollten, bevor sie sich sportartspezifisch spezialisieren (Abernethy, Baker & Côté, 2005; Smeeton, Ward & Williams, 2004). Aber auch im Erwachsenenalter scheinen offene Spielformen, also das Deliberate Play, eine relevante Rolle für die Ausbildung von Expertise zu spielen (Côté, 1999; Côté et al., 2003).

© Moritz Hofmeister

Abb. 39: Vielfältige Erfahrung prägen Kreativität und Koordination.

6

Infolgedessen sollten neben einem klassischen, sportartspezifischen Training also auch Spiele und offene Bewegungsphasen in Betracht gezogen werden, die sogar möglicherweise auf den ersten Blick nichts mit dem eigentlichen Zielsport zu tun haben. Denn möglicherweise können die Teilnehmer so Informationen, wie z. B. Taktiken, Bewegungsmuster oder Lösungsfindungsstrategien, von anderen Disziplinen auf ihr eigentliches Parkour-Training übertragen. So würde also implizit (d. h. beiläufig), statt explizit (d. h. bewusst) gelernt.

Zwar wird diese Verknüpfung in der Forschung noch hitzig diskutiert, zu verlieren hat man als Übungsleiter im Breiten- und Freizeitsport aber wenig. Etwas Abwechslung schadet nie!

6.3.4   Die Aufmerksamkeit steuern: Internaler vs. externaler Fokus

Der Erfolg, die Genauigkeit oder Effizienz einer Bewegung sind definierende Faktoren von Leistung und Bewegungsqualität (Guthrie, 1952). Wie aber kann ich als Übungsleiter oder Trainingspartner einen Athleten so anleiten und unterstützen, dass er diese Merkmale auch optimal abrufen und ausführen kann?

Um dies zu gewährleisten, können neben einer guten Methodik, wie bisher vorgestellt, auch kleine Tipps und Kniffe in der Kommunikation und in der Vorstellung eines Bewegungsablaufs einen höheren Lernerfolg bei meinen Teilnehmern versprechen.

Ein gängiges Werkzeug ist dabei die sogenannte *Aufmerksamkeitssteuerung*:

In dieser wird zwischen einem internalen und einem externalen Fokus unterschieden.

Bei einem **internalen Fokus** richtet der Athlet seine Aufmerksamkeit auf innere Prozesse. Dies kann sowohl ein konkreter Aspekt einer Technik sein als auch eine Emotion, die der Sportler gerade verspürt.

Er beschäftigt sich also mit der bewussten Steuerung oder dem bewussten Erleben körpereigener Prozesse und Reize.

Bei einem **externalen Fokus** hingegen steht das Bewegungsziel im Zentrum der Aufmerksamkeit. Dies kann sowohl der direkte Effekt einer Bewegung sein – wie z. B. das Gefühl im Fußballen bei einer perfekten Präzisionssprunglandung – als auch die bildliche Vorstellung der Zielerreichung.

HINWEIS

Als klassisches Beispiel für die Unterscheidung wird häufig der Wurf eines Darts herangezogen:

Bei einem internalen Fokus läge die Aufmerksamkeit des Werfenden dabei auf der exakten Handhaltung, den Gelenkwinkeln oder der Beschleunigungsgeschwindigkeit des Wurfarms, während er bei einem externalen Fokus lediglich auf das Bullseye fokussiert wäre und wie der Darts dort einschlägt.

In den letzten Jahren hat die Forschung herausgefunden, dass der externale Fokus dem internalen Fokus im Sportkontext überlegen zu sein scheint. So waren Testpersonen in diversen Studien nicht nur präziser oder konsistenter in ihren Leistungen, sondern zeigten auch effizientere muskuläre Aktivität oder Kraftproduktion. Zudem fiel es den meisten Probanden auch leichter, neue Fertigkeiten zu lernen, wenn sie ihnen mit einem externalen Fokus erklärt und beigebracht worden ist (Wulf, 2013).

Für einen Übungsleiter bedeutet dies nun, dass er seinen Teilnehmern gewünschte Bewegungsmuster oder -abläufe zwar erläutern und gegebenenfalls auch technisch herleiten muss, ohne aber ihren Aufmerksamkeitsfokus derartig auf innere Prozesse zu lenken, dass die Teilnehmer sich nur noch auf die bewusste Steuerung der Bewegung konzentrieren. Sie sollten versuchen, sie möglichst automatisch ablaufen zu lassen.

© Philipp Holzmüller

Abb. 40: Tipps und Hinweise verändern den Fokus eines Sportlers.

6

Ist dies nicht der Fall, so wäre eine schlechtere Leistung zu erwarten, oder bei erfahrenen Athleten sogar – wenn diese in die bewusste Steuerung eines schon automatisierten Bewegungsprozesses reinvestieren – ein gänzliches Verlernen oder eine signifikante Verschlechterung der Fähigkeit oder ihrer Ausführung (z. B. Baumeister, 1984; Masters & Maxwell, 2004). Folglich muss der Übungsleiter einen Balanceakt wagen, um seinen Teilnehmern zwar ein gewisses Bewegungsverständnis zu vermitteln, ihren Aufmerksamkeitsfokus aber dennoch möglichst zielorientiert, also external, zu belassen.

Als offenbar wirkungsvolles Mittel bei Novizen hat sich dabei das implizite Lernen mithilfe von Analogien herausgestellt (Tielemann, Raab & Arnold, 2008; Masters, 2000). Anstatt konkrete Merkmale einer Technik also verbal zu beschreiben, nutzt der Trainer ausdrucksstarke Bilder und Metaphern.

So kann z. B. der Aufschlag beim Tennis so beschrieben werden, dass der Athlet seinen Schläger aus einem Rucksack ziehen soll. Im Parkour hingegen könnte sich die Vorstellung einer Skaterampe vor einer Wand positiv auf den Anlauf- und Absprungwinkel bei einem Wallrun auswirken. Also dabei, eine senkrechte Wand „hochzulaufen".

Bei Experten und erfahrenen Athleten jedoch, welche die Techniken bereits sicher beherrschen, zeigen trotzdem auch explizite Instruktionen und kleine intrinsische Fokussierungen große Erfolge, solange diese vorsichtig und klug eingesetzt werden (z. B. Schlapkohl, Hohmann & Raab, 2012).

Insgesamt sollte dem Übungsleiter also klarwerden, dass seine Art und Weise, wie er Dinge erklärt und worauf er bei seiner Beschreibung Wert legt, den Fokus seiner Teilnehmer beeinflusst und somit eine direkte Auswirkung auf deren Leistung und Lernerfolg hat. Entsprechend sollte die Art der Instruktion und Bewegungsbeschreibung ständig hinterfragt und möglichst bewusst eingesetzt werden. So kann dadurch etwa den Anfängern das Lernen erleichtert oder den Erfahrenen können konkrete Impulse und Tipps zur weiteren Verbesserung gegeben werden.

6.3.5 Unterstützung ist vielfältig: Lernhilfen

Die Möglichkeiten, einen Lernenden in seinem Prozess zu unterstützen, sind vielfältig.

Demonstration

Ein gerade im Sport sehr beliebtes Mittel ist die Demonstration. Dabei wird den Teilnehmern schon zu Beginn, und immer wieder zwischendurch, ein genaues Bild davon gezeigt, wie die Zielbewegung auszusehen hat – was von ihnen erwartet wird.

Abb. 41: Die Demonstration kann durch den Trainer geschehen, aber auch durch andere Teilnehmer oder Videos.

Am besten funktioniert das übrigens, wenn die demonstrierende Person sowohl in ihren Proportionen, ihrer Kraft (o. Ä.) als auch in ihren Fähigkeiten den Lernenden ähnlich zu sein scheint oder diese zumindest (mittelfristig) erreichbar sind. Zudem können gewisse Signale oder konkrete Beobachtungsaspekte die Aufmerksamkeit der Teilnehmer auf bestimmte Details richten, die wichtig zu sehen sind.

Diese passive, visuelle Lernhilfe kann sowohl in persona als auch durch Videos oder vergleichbare Medien genutzt werden.

Anleitung und Führung

Eine weitere Möglichkeit, das aktive Lernen zu erleichtern, ist die Anleitung oder Führung. Diese kann vor allem visuell, auditiv oder mechanisch eingesetzt werden:

Als **visuelle Führung** könnten so z. B. Markierungen auf dem Boden dem Athleten zu Hilfe kommen, während gerufene Signale oder gesprochene Rhythmen eine **verbale Anleitung** darstellen würden.

Mechanische Hilfen hingegen beinhalten z. B. die Nutzung von Geräten oder anderen Materialien, welche eine Aufgabe vereinfachen oder gewisse Aspekte einer Bewegung verdeutlichen oder erzwingen könnten.

Abb. 42: Eine einfache Jacke kann als mechanische Hilfe zum Erzwingen eines hohen Wandabdrucks beim Tic-Tac dienen.

Als Kombination all dieser Möglichkeiten der Unterstützung könnten nun die Hilfe- und Sicherheitsstellungen betrachtet werden.

Helfen und Sichern

Hilfe- und Sicherheitsstellungen dienen als lernbegleitende Unterstützung von Teilnehmern, um deren vorhandene Beschränkungen (z. B. fehlende physische Anforderungen, fehlende Bewegungserfahrung, Angst etc.) zu kompensieren. Dabei dienen sie oft als erster Lernschritt innerhalb einer Methodik, der den Sportlern in einem sicheren Umfeld ein erstes Gefühl der zu lernenden Bewegung vermitteln soll. Zudem können sie Vertrauen, Kooperation, Bewegungsverständnis und gegenseitige Verantwortung praktisch erlebbar machen.

Als **Hilfe** wird eine bewegungsführende oder -unterstützende Handlung definiert, die während des motorischen Ablaufs durch einen oder mehrere Helfer ausgeführt wird. Diese zeichnet sich meist durch direkten Kontakt oder Berührung aus.

Sicherheitsstellungen hingegen umschreiben alle Maßnahmen, die einen Unfall oder Sturz entweder vermeiden oder zumindest verletzungsfrei ablaufen lassen sollen. Dabei wird die Bewegung nicht unbedingt mitgeführt, sondern eher beobachtet und nur im Notfall eingegriffen. Von einer lediglich passiven Begleitung zu sprechen, wäre jedoch zu kurz gefasst, da gerade beim Sichern der verantwortliche Helfer maximal konzentriert und einsatzbereit sein sollte, um jederzeit handlungsschnell agieren zu können.

Abb. 43: Bei einer Hilfestellung (links) befinden sich die Helfer am Körper, während bei einer Sicherheitsstellung (rechts) lediglich im Notfall eingegriffen wird.

Eingesetzt werden Hilfe- oder Sicherheitsstellungen im Parkour eher selten. Obwohl ihnen ein gewisser pädagogischer Nutzen nicht abzusprechen ist, zielt die Parkour-Lehre primär auf einen selbstständigen und leistungsgerechten Fortschritt, indem die Teilnehmer dazu aufgefordert werden, eigene Lösungen und Wege zu finden. Dabei wird die Vermittlung von Zergliederungsmethoden, eines guten Bewegungsverständnisses und die Ausbildung einer grundsätzlichen körperlichen und geistigen Stärke eher in den Fokus gestellt.

Sollte sich ein Teilnehmer für eine Bewegung also alleine noch nicht bereit sehen, dann sollte er eher an seinen Voraussetzungen arbeiten (z. B. Kraft und Koordination), bevor er sich der Bewegung annimmt, anstatt sie vorschnell durch eine Hilfestellung präsentiert zu bekommen.

Hilfe- und Sicherheitsstellungen kommen daher nur dann zur Anwendung, wenn konkrete, zu erwartende Gefahren dadurch minimiert werden können. Dies beträfe im Parkour also eher Saltos oder akrobatische Elemente. Folglich sollten die Teilnehmer in nahezu allen anderen Anwendungsbereichen vielmehr eigene, unabhängige Lösungswege finden, die sie auch alleine und ohne Beaufsichtigung problemlos ausführen können.

Sollen nun doch Hilfen gegeben oder vermittelt werden, ist das Wissen über grundlegende **Helfergriffe** notwendig:

Abb. 44: Der Tragegriff: Dadurch, dass der Körperschwerpunkt (KSP) hochgehalten werden kann, bietet sich der Tragegriff bei Bewegungen wie dem Underbar oder auch bei Saltos an. Oft auch kombiniert mit anderen Hilfestellungen.

Abb. 45: Der Klammergriff: Kann Stabilität in Bewegungen wie den Handstand bringen.

Abb. 46: Der Stützklammergriff: Besonders hilfreich bei der Katze oder dem Palmspin.

Abb. 47: Der Drehklammergriff: Am Oberarm ist er nützlich für Saltos und kann vorwärts und rückwärts gegriffen werden.

6

Abb. 48: Der Checkergriff: Gern genutzt beim Wallflip.

Damit die Helfergriffe aber auch wirklich hilfreich und sicher sind, sollten einige generelle Aspekte beachtet werden:

Helfer und Sportler sollten…

- …in etwa gleich groß und gleich schwer sein.
- …sich klar absprechen! Das betrifft…
  - …das Bewegungsziel;
  - …die Art der gewünschten oder erforderlichen Hilfe;
  - …den Bewegungsbeginn (z. B. durch ein verbales Signal).

Für den Helfer gilt dabei…

- …sich seiner Sache sicher zu sein.
- …sich selbst nicht in Gefahr zu bringen.
- …einen sicheren Stand zu haben.
- …seine volle Aufmerksamkeit auf die Hilfe zu richten.
- …alle notwendigen Hilfe- und Sicherheitsstellungen zu kennen und zu wissen, welche Stellung in diesem konkreten Fall Sinn macht.
- …den Sportler durch die Hilfe nicht zu verletzen – auch wenn es schiefgeht.
- …den Sportler nicht an der Wirbelsäule, am Kopf oder an Gelenken zu greifen.
- …den Sportler so lange zu führen, bis die Bewegung endgültig beendet ist!
- …keine übergriffigen Handlungen auszuführen, wie z. B. ans Gesäß oder an die Brust zu fassen!

Grundsätzlich sollten Hilfe- und Sicherheitsstellungen gut trainiert und ihre Abläufe möglicherweise sogar ritualisiert werden. Auf diese Art und Weise kann sicherge-stellt werden, dass alle notwendigen Aspekte klar kommuniziert und beachtet wor-den sind. Nur auf diese Weise, durch Vertrauen in den Helfer und den Prozess, kann eine derartige Lernhilfe auch ihr Ziel erreichen.

6.3.6   Feedback: Regeln der Bewegungskorrektur

Sollte sich beim Üben doch einmal ein Fehler einschleichen, gilt es, diesen zu korri-gieren und dem Athleten ein **Feedback** zu geben. Dies soll ihm beim Lernen helfen und ihn dazu motivieren, weiterhin zu üben.

Ein Feedback ist dann notwendig, wenn sich Ist- und Soll-Wert unterscheiden. So könnte also ein Handlungsziel (z. B. die Landung auf der Zielmauer beim Präzisions-sprung) oder ein Bewegungsziel (z. B. die Überwindung des Hindernisses bei einem Katzensprung) nicht erreicht worden sein.

Als Arten des Feedbacks wird dabei aber nochmals in intrinsisches und extrinsisches Feedback unterschieden:

Intrinsisches Feedback bezeichnet alle sensorischen Informationen, die ein Sportler normalerweise von sich selbst, seinem Körper und seiner Umwelt bekommt, wenn er sich bewegt. Dies beinhaltet z. B. die Härte der Landung, das allgemeine Bewegungsgefühl, Schmerzen oder die Reaktion eines Hindernisses.

Extrinsisches Feedback hingegen beinhaltet alle Informationen, die von einer äußeren Quelle an den Sportler herangetragen werden. Diese könnten z. B. das Wissen um das Ergebnis der Bewegung sein (z. B. eine Punktzahl) (auch: „Knowledge of Result") als auch das Wissen um die Qualität ebendieser (auch: „Knowledge of Performance").

Das Feedback eines Übungsleiters ist für den Athleten also extrinsisch. Es könnte verbal, aber z. B. auch durch Handzeichen oder Videoaufnahmen präsentiert werden.

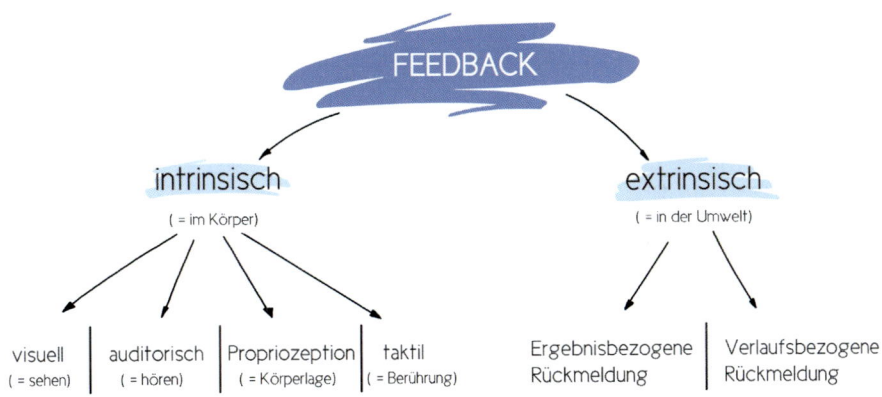

Abb. 49: Feedback kann aus der Umwelt, aber auch aus der eigenen Sinneswahrnehmung stammen.

Als Grundlage der **Bewegungskorrektur** stellt sich allerdings die Frage nach dem Grund und dem Ort des Fehlers. Dieser kann sowohl beim Lernenden als auch beim Lehrenden liegen.

So könnten zwar ein mangelndes Bewegungsverständnis, eine schlechte Konzentration oder psychische Störfaktoren die Leistung des Sportlers beeinflusst haben, aber auch eine unangemessene Methodik, ungeeignete Erklärungen oder eine Fehlkommunikation des Übungsleiters könnten auf diesen einwirken.

Beim LERNENDEN

· Abweichende oder unangemessene Handlungsziele
· Mangelnde Eigenwahrnehmung und innere Bewegungsvorstellung
· Mangelnde äußere Bewegungsvorstellung
· Fehlende konditionelle Voraussetzungen
· Psychische Störfaktoren

Beim LEHRENDEN

· Unpassende Einschätzung der Schüler
· Fehlerhafte Reihung der Lernschritte
· Falsche Art der Informationsübermittlung
· Verselbstständigung von Methoden (Vermethodisierung)

Abb. 50: Nicht nur der Sportler kann Fehler machen. Auch die Methoden des Trainers können die Ursache sein!

Möchte ich eine Bewegung aber nun korrigieren, sollte ich einiges beachten. So haben sich z. B. die **„10 Handlungsprinzipien des Feedbacks"** als besonders relevant herausgestellt (Wolters, 2002a; Gröben, 1995):

1. Mache die Lernenden von deiner Korrektur unabhängig!
2. Mache den Fehler und die Korrektur einsichtig!
3. Beachte die Nebenwirkungen der Korrektur!
4. Korrigiere individuell!
5. Korrigiere nicht Symptome, sondern Ursachen!
6. Korrigiere mit einem realistischen Ziel!
7. Korrigiere den Hauptfehler zuerst!
8. Korrigiere zum richtigen Zeitpunkt!
9. Dosiere Korrekturen angemessen!
10. Korrigiere effizient!

Ergänzend zu diesen eher selbst erklärenden Leitsätzen, stehen die **„vier Ebenen der Korrektur"** (siehe Abb. 51). Diese sollen sicherstellen, dass das Feedback auch sein Ziel erreicht und vom Sportler gut angenommen und verarbeitet werden kann.

Zuletzt stellt sich die Frage nach dem **Zeitpunkt** und der **Häufigkeit** der Korrektur.

Informationen können dem Sportler sowohl während (Synchroninformation), kurz nach (0-30 Sekunden; Sofortinformation) oder spät (> 30 Sekunden; Spätinformation) nach der Bewegungsausführung gegeben werden.

Dabei sollte aber beachtet werden, dass dem Athleten zuerst Zeit zum Verarbeiten gegeben werden muss (mindestens fünf Sekunden) und dass zwischen Versuch und Feedback keine weitere Bewegung mehr stattgefunden hat.

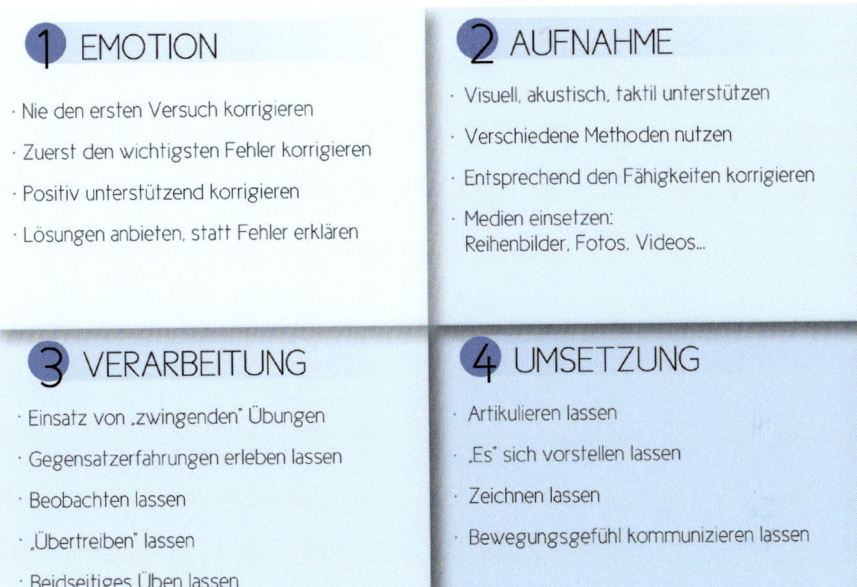

Abb. 51: Die vier Ebenen der Bewegungskorrektur (zusammengestellt aus Wolters, 2002a und 2002b; Gröben, 1995; Hotz, 1982; Mechling, 1986)

Allgemein und abschließend gilt es beim Thema Feedback aber, das erste Handlungsprinzip der Bewegungskorrektur zu unterstreichen und an das allgemeine Ziel der Parkour-Vermittlung zu erinnern: Unabhängigkeit.

Eine zu häufige Korrektur und Führung macht einen Athleten abhängig von äußeren Faktoren. So kann zwar viel Feedback anfangs zu schnellen, guten Erfolgen führen, zieht häufig aber langfristig schlechtere Leistungen nach sich. Entsprechend sollte die Häufigkeit und Art des Feedbacks individualisiert und mit Vorsicht gewählt werden.

Als spannende, interaktive und Erfolg versprechende Methode erscheint hingegen die Nutzung von **Videofeedback**, welche durch die modernen Möglichkeiten von Smartphones, Apps und Multi-Media-Tools immer kostengünstiger und umsetzbarer wird. Dies macht nicht nur Spaß, sondern fördert auch die Motivation und stärkt parallel die Autonomie und Kompetenz der Teilnehmer. Sie beginnen plötzlich selbst, ihre Bewegungen zu analysieren, zu verstehen und zu verbessern und trainieren so ihr **Bewegungsverständnis**.

6

KAPITEL 7

Kapitel 7

BIOMECHANIK UND BEWEGUNGSVERSTÄNDNIS

Das Bewegungsverständnis gehört zu den technischen Grundvoraussetzungen eines Trainers und macht zudem einen guten Athleten aus. Denn, nur wer (seine) Moves auch versteht, kann sie anderen vermitteln und Fehler korrigieren.

Ein grundlegendes Bewegungsverständnis setzt sich dabei aus dem Bewegungssehen, dem Wissen über biomechanische Grundlagen sowie eine (möglichst) eigene Bewegungserfahrung zusammen.

Während nun viele Athleten meist genügend eigene Bewegungserfahrung in Form von jahrelangem Training mitbringen und diese auch theoretisch nicht zu vermitteln wäre, gilt es also, sich an dieser Stelle mit den beiden anderen Säulen des Bewegungsverständnisses zu beschäftigen: dem Bewegungssehen und der Biomechanik.

7.1   Das Bewegungssehen

Das Bewegungssehen beschreibt die Fertigkeit, schnell zu erkennen, aus welchen Teilelementen eine Bewegung besteht oder welche Körperteile in welcher Art und Weise daran beteiligt sind.

Nur durch das Beobachten eines Bewegungsablaufs sollte dem Betrachter also klarwerden, was die Bewegung darstellt oder beinhaltet, welche Gliedmaßen in welcher Weise aktiv sind und, vielleicht sogar schon, welcher Bewegung die gezeigte Aktion ähnelt bzw. zu welcher Bewegungskategorie sie gehört.

In einfachen Worten bedeutet das, dass ein Übungsleiter beim Beobachten eines Dashs erkennen sollte, dass der Athlet z. B. einbeinig abspringt, das Hindernis mit den Füßen zuerst überwindet, sich anschließend mit den Händen abstützt und final seinen Lauf fortsetzen kann.

Trainierte Augen erkennen zudem vielleicht schon die Ähnlichkeit des Bewegungsablaufs mit dem des *Underbars* oder machen gegebenenfalls auch Fehler in der Bewegungsausführung des Sportlers aus.

Abb. 52: Der Dash (oben) und der Underbar (unten) sind bis auf die Handposition quasi identisch.

Das generelle Ziel des Bewegungssehens ist es demnach, dass der Betrachter ein erstes Bild von der gezeigten Aktion bekommt, sie zu verstehen versucht und sie einordnen kann. Auf dieser Grundlage ist es ihm in der Folge dann möglich, ein zielführendes Feedback zu formulieren, Hilfestellungen oder methodische Reihen anzubieten sowie erste Vermutungen über biomechanische Wirkungsweisen aufzustellen, die erklären können, wieso passiert ist, was passiert ist.

7.2   Grundlagen der Biomechanik

Entgegen dem Bewegungssehen ist der praktische Nutzen der Biomechanik vielen Novizen und werdenden Trainern leider meist noch schleierhaft. Zu viele Fachbegriffe, Definitionen und mathematische Formeln erschweren den Zugang für die Freizeitsportler. Tatsächlich aber kann ein nur grundlegendes Verständnis der verschiedenen Anwendungsbereiche das eigene Training erfolgreicher, sicherer und vor allem nachvollziehbarer machen. Denn: Die Biomechanik versucht in erster Linie, zu beschreiben und zu erklären, wie und wodurch sich unser Körper mit und in der Umwelt bewegt.

Wichtig ist das, weil Traceure im Parkour-Training hohen Belastungen und komplexen Bewegungsherausforderungen ausgesetzt sind. Abrupte Landungen, sich abwechselnde Bewegungsrichtungen oder dynamische Stützbewegungen fordern den Körper dabei zu maximalen Leistungen auf. Er muss mit verschiedensten Kräften umgehen oder selbst welche erzeugen können und sollte diese folglich auch verstehen.

Mit einem solchen Wissen wird es für einen Athleten dann möglich, die für seine Herausforderung richtigen Bewegungen, Absprungarten oder Flugkurven auszusuchen, anstatt in einem ermüdenden Trial-and-Error-Prozess nur blind verschiedene Möglichkeiten auszuprobieren.

BIOMECHANIK IM PARKOUR

Spannende Studien zu Parkour-Landungen und deren Biomechanik wurden hier für Sie zusammengefasst:

7.2.1   Kräfte

Kraft wird – im physikalischen Sinne – durch ihre Wirkung definiert. Das bedeutet, dass Objekte durch sie beschleunigt oder abgebremst, in eine andere Richtung gelenkt oder gar verformt werden können.

Aber Kraft ist im Sport nicht gleich Kraft. So kann sie in unserem Körper wirken, beispielsweise auf Sehnen, Muskeln oder Bänder, wenn wir losspringen – oder auf unseren Körper, wenn wir nach einem Sprung beispielsweise auf einer Betonmauer landen. Sie heißen folglich innere Kräfte und äußere Kräfte.

Innere Kräfte

Bei inneren Kräften macht es Sinn, zu unterscheiden, woher die wirkende Kraft kommt.

- Haben unsere Muskeln sie aktiv erzeugt?
- Ist sie nur das passive Resultat unserer Dehnfähigkeit?

Hierzu wird in folgende Bereiche unterschieden:

- **Aktive innere Kräfte:** Muskelkräfte, die den Körper in Bewegung versetzen.
- **Passive innere Kräfte:** Elastizitätseigenschaften von Sehnen, Bändern und Co.
- **Aktive äußere Kräfte:** Kräfte aus der Umwelt, die den Körper oder Objekte in Bewegung versetzen (z. B. Wind).
- **Passive äußere Kräfte:** Eigenschaften der Umwelt, die Bewegung ermöglichen oder behindern (z. B. eine Eisfläche im Anlauf).

Äußere Kräfte

Äußere Kräfte werden unterteilt in Kinematik und Dynamik:

Bei der **Kinematik** wird die Bewegung des Körpers nur beschrieben. Begriffe wie Zeit, Ort, Beschleunigung oder Geschwindigkeit sind wichtig, während die Ursache für die Bewegung erst einmal außer Acht gelassen wird.

Mit dieser Einwirkung von Kräften beschäftigt sich die **Dynamik**. Sie hinterfragt, wieso sich ein System bewegt (Kinetik) – oder eben nicht (Statik).

Aus all diesen Begriffen und Definitionen ergibt sich so ein übersichtliches Schaubild:

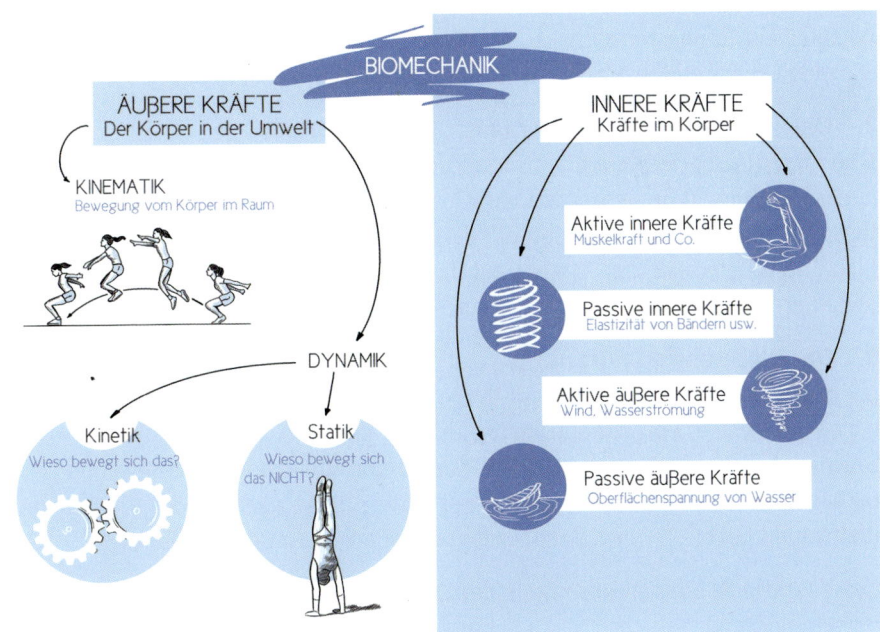

7

Abb. 53: Die Teilbereiche der Biomechanik, aufgeschlüsselt

Biomechanik kann folglich als die Wissenschaft definiert werden, welche die Kräfte untersucht, die auf eine und in einer biologischen Struktur wirken, sowie die Effekte dieser Kräfte (Nigg & Herzog, 2007). Sportspezifisch untersucht sie also „sportliche Bewegungen des Menschen und die mechanischen Bedingungen dieser Bewegung" (Baumann, 1989).

7.2.2   Bewegung

Bewegung wird als ein Ereignis in Raum und Zeit definiert.

In unserem Fall ist ein Traceur also in Bewegung, wenn er seine Position im Raum zwischen zwei Zeitpunkten verändert – z. B. bei einem Präzisionssprung. Dieser dauert ein paar Millisekunden und bringt den Körper von Mauer A auf Mauer B. – Aber ganz so einfach ist es dann doch nicht.

So formulierte Sir Issac Newton (1643-1727) schon vor einigen Jahrhunderten drei **grundlegende Gesetze**, die bis heute als Grundlage der Physik dienlich sind:

1.   Das Trägheitsgesetz
„Ein Körper verharrt in seinem Zustand der gleichförmigen Bewegung, solange keine Kraft auf ihn einwirkt."
Beispiel: Ein Turnkasten steht regungslos in der Sporthalle. Ohne eine äußere Kraft, wie einen springenden Traceur, wird sich daran auch nichts ändern.

2.   Das Beschleunigungsgesetz (auch: Aktionsprinzip)
„Die Änderung der Bewegung ist proportional zur einwirkenden Kraft und geschieht in die Richtung, in der jene Kraft wirkt."
Beispiel: Springt ein Traceur nun auf den besagten Turnkasten, so rutscht er in die Richtung, in die auch der Traceur auf ihn gesprungen ist. Wie stark er rutscht, ist abhängig von der Kraft, mit der der Traceur auf ihn einwirkt.

3.   Das Wechselwirkungsprinzip
„Geht eine Kraft von Körper A auf Körper B aus (actio), so übt auch Körper B eine gleich große, aber entgegengesetzte Kraft auf Körper A aus (reactio)."
Beispiel: Landet der Traceur auf dem Kasten und überträgt seine Bewegungsenergie auf diesen (actio), so wird diese Kraft vom Kasten auch wieder auf ihn zurück übertragen (reactio). Der Kasten schlägt quasi auch auf den Traceur ein.

Diese Prinzipien können uns nun helfen, zu verstehen, wieso manche Dinge funktionieren und andere nicht. Dazu aber mehr in Kap. 7.2.4!

7.2.3 Der Körperschwerpunkt

Nützliche Informationen über Kräfte und die Bewegung unseres Körpers bietet uns auch der Körperschwerpunkt (KSP). Das ist ein abstrakter, mathematisch errechneter Punkt, welcher uns dabei helfen kann, Bewegungen und Bewegungsabläufe noch besser zu verstehen. Definiert wird er als Massemittelpunkt aller Körpersegmente. Er ist somit die Stelle, an welcher die Schwerkraft angreift.

© Dennis Karotsch (2)

7

Abb. 54: Steht ein Traceur so auf einer Stange, dass sich sein KSP genau darüber befindet, dann bleibt er sicher auf dem Hindernis.

Abb. 55: Verändert der Traceur seine Körperteile so, dass der KSP plötzlich neben der Stange liegt, so wird er die Balance verlieren und die Schwerkraft wird ihn von der Stange herunter zu Boden ziehen.

In einfachen Worten ist der KSP also der Punkt, den man ermittelt, wenn man das Gewicht aller einzelnen Körperteile in ihrem Verhältnis zueinander berechnet. Im Stand liegt der KSP somit etwa auf Hüfthöhe, wandert je nach Bewegung aber an verschiedene Orte. Er kann dabei auch kurzzeitig außerhalb des Körpers liegen.

Generell könnte man den KSP somit auch als den Punkt bezeichnen, der unsere körperinterne Balance repräsentiert, und wie sich diese zur Umwelt verhält.

Einen weiteren praktischen Nutzen stellt der KSP aber auch deshalb dar, weil man durch die Verfolgung von dessen Verlauf während einer Bewegung eine imaginäre Linie zeichnen kann. Diese Linie offenbart uns die Flugkurve eines Sprungs im Parkour.

Möchte ein Athlet also beispielsweise wissen, wie er am besten auf ein Hindernis springen muss, um auf diesem stehen zu bleiben, dann könnte er sich die sinnvollste Flugkurve dazu vorstellen.

Abb. 56: Der KSP-Verlauf eines technisch anspruchsvollen Sprungs auf eine Kante (stark vereinfacht)

Besonders wichtig in Bezug auf Flugkurven ist zudem der **Scheitelpunkt der Parabel** – also der höchste Punkt der Kurve. Nach dieser Stelle geht es für den Athleten wieder in Richtung Boden. Je nach Bewegungsziel muss der Traceur sich also überlegen, wo der Scheitelpunkt am besten liegen sollte und wie er seine Technik verändern muss, damit er das Ziel auch erreicht.

Abb. 57: Diese beiden Katzensprünge erfordern verschiedene Flugkurven. Um diese richtig einzuleiten, unterscheiden sich folglich auch ihre Absprungpositionen.

Zuletzt kann der KSP auch den Flow (dt.: *Bewegungsfluss*) und die Effizienz einer Bewegungskombination beeinflussen. Dazu muss ein Traceur all seine Gliedmaßen so führen, dass abrupte Richtungswechsel oder Pausen vermieden und somit keine unnötigen Kräfte verbraucht werden. Bildlich gesprochen, wären also Zacken und Spitzen im Verlauf des KSP zu vermeiden.

7.2.4 Biomechanik in der Praxis

Neben dem KSP und dessen Verlauf bietet die Biomechanik aber natürlich noch weitere nützliche Implikationen für die Praxis. Insbesondere lassen sich aus ihr und ihren Gesetzen gewisse Prinzipien ableiten, die nun anhand praktischer Fragen erklärt und illustriert werden sollen.

1. Das Prinzip der maximalen Anfangskraft

Praktische Frage: Wie schaffe ich es, besonders hoch (oder weit) zu springen?

Lösung: Bewege deinen Körper vorher in die entgegengesetzte Beschleunigungsrichtung!

Erklärung: Das Prinzip der maximalen Anfangskraft besagt, dass eine Bewegung, mit der eine hohe Endgeschwindigkeit erreicht werden soll (z. B. maximaler Präzisionssprung), durch eine entgegengesetzt gerichtete Bewegung (z. B. in die Knie gehen) einzuleiten ist. Durch das Abbremsen dieser Gegenbewegung entsteht eine Anfangskraft, durch die der finale Kraftstoß (hier: Absprungimpuls) vergrößert wird.

Abb. 58: Um besonders hoch zu springen, sollte man vorher in die Knie gehen.

Biologisch unterstützt werden wir dabei übrigens zudem vom sogenannten *Dehnungs-Verkürzung-Zyklus (DVZ)*. Dieser besagt zusammengefasst, dass sich ein Muskel nach einer Dehnung entgegen seiner Arbeitsrichtung schneller und kraftsparender kontrahieren, also zusammenziehen kann.

In der Praxis bedeutet das, dass uns ein Präzisionssprung leichter fallen sollte, wenn wir vorher in die Knie gehen, als wenn wir das nicht tun würden. Dadurch werden die wichtigsten Muskeln unserer Beine erst gedehnt, wir bauen somit Spannung auf, und sie ziehen sich dann im Absprung explosiv und stärker wieder zusammen.

EXPERIMENT 1

Ein kurzes Experiment zur Veranschaulichung dieses Prinzips finden Sie übrigens hier:

2. Das Prinzip des optimalen Beschleunigungswegs

Praktische Frage: Wie schaffe ich es, noch höher (oder weiter) zu springen?

Lösung: Bewege deinen Körper vorher in die entgegengesetzte Beschleunigungsrichtung – auf eine optimale Weise!

Erklärung: Zusätzlich zur maximalen Anfangskraft spielt auch das Prinzip des optimalen Beschleunigungswegs eine Rolle im Parkour. Dieses besagt, dass Länge und Richtung des Beschleunigungsverlaufs optimal gestaltet werden müssen.

Für einen Traceur heißt das, dass er sich z. B. vor einem beidbeinigen Präzisionssprung aus dem Stand nicht nur die Frage stellen muss, ob er zum Erreichen der maximalen Sprungweite in die Knie gehen muss (Prinzip der maximalen Anfangskraft), sondern auch, wie tief er die Beugung dazu zu gestalten hat.

Abb. 59: Zu tief in die Knie zu gehen, ist nicht immer optimal.

Dabei gilt: Ein optimaler Beschleunigungsverlauf ist nicht per se der längste, sondern muss dem Ziel entsprechend angepasst werden.

EXPERIMENT 2

Ein kurzes Experiment zur Veranschaulichung dieses Prinzips finden Sie übrigens hier:

3. Das Prinzip der koordinierten Teilimpulse

Praktische Frage: Wie kann ich eine (beliebige) Bewegung noch verbessern?

Lösung: Kontrolliere, ob all deine Körperteile mithelfen und sinnvoll zusammenarbeiten!

Erklärung: Das Prinzip der koordinierten Teilimpulse besagt, dass eine Gesamtbewegung aus vielen einzelnen Teilelementen besteht. Arme, Beine, Rumpf und Co. können dementsprechend als individuelle Schwung- oder Stützelemente betrachtet werden, die alle einen eigenen (Teil-)Impuls erzeugen. Diese Teilimpulse müssen also intelligent und zielführend koordiniert werden.

Abb. 60: Je mehr Gliedmaßen sinnvoll mithelfen, desto mehr Impuls ist möglich!

Ein Beispiel aus der Sportwelt ist dafür die sogenannte *kinematische Kette*. Hier sollen verschiedene Teilimpulse sinnvoll nacheinander geschaltet werden, um am Ende die maximale Kraft (z. B. Beschleunigung oder Impuls) zu erzeugen. Aus der Praxis kennen Traceure das beispielsweise von Präzisionssprüngen. Armbewegung, Beugen der Knie, Körperstreckung und Absprung müssen perfekt koordiniert und zeitlich hintereinandergeschaltet werden, um eine möglichst maximale und effiziente Bewegung zu ermöglichen.

EXPERIMENT 3

Ein kurzes Experiment zur Veranschaulichung dieses Prinzips finden Sie übrigens hier:

4. Das Prinzip der Gegenwirkung

Praktische Frage: Ich springe hoch und ziehe meine Knie zur Brust. Warum fange ich manchmal an, rückwärts zu rotieren und manchmal nicht?

Lösung: Vielleicht reagieren andere Körperteile (z. B. Rumpf) als Gegengewicht und halten so die Balance – oder eben nicht.

Erklärung: Das Prinzip der Gegenwirkung beschreibt im Kern Newtons Wechselwirkungsprinzip: Übt ein Körper A (z. B. ein Traceur) auf einen Körper B (z. B. eine Wand) eine Kraft aus, dann übt Körper B eine gleich große, aber entgegengesetzt gerichtete Kraft auf Körper A aus. Wir schlagen also nicht nur auf die Mauer auf, sondern die Mauer auch auf uns.

Findet eine Aktion aber ohne Umweltbezug statt – z. B. bei Bewegungen im Flug –, so sind Ausgleichsbewegungen anderer Körperteile die Folge. Diese wollen die Balance aufrechterhalten.

Springt ein Athlet also hoch und zieht die Knie vor die Brust, ohne sich mit dem Rumpf nach vorne zu lehnen, dann beginnt er eine Rotation rückwärts (wie z. B. beim Rückwärtssalto). Lehnt er in dieser Bewegung seinen Oberkörper hingegen nach vorne, so hält er die Balance und springt in einen Hocksprung – ohne zu rotieren.

Abb. 61: Die Gegenwirkung entscheidet, ob es ein Hocksprung (links) oder ein Salto (rechts) wird.

EXPERIMENT 4

Ein kurzes Experiment zur Veranschaulichung dieses Prinzips finden Sie übrigens hier:

7

5. Das Prinzip der Impulserhaltung

Praktische Frage: Kann es passieren, dass ich bei einem Salto einfach aufhöre, zu rotieren?

Lösung: Nein. Solange ich nicht durch Gegenwirkungen (z. B. Veränderung der Körperhaltung) oder äußere Einflüsse (z. B. Bodenkontakt) in die Rotation eingreife, höre ich nicht auf, zu rotieren.

Erklärung: Das Prinzip der Impulserhaltung besagt, dass der Gesamtimpuls einer Drehbewegung (z. B. bei einem Salto) erhalten bleibt, solange keine äußeren Kräfte auf diese einwirken. In einem luftleeren Raum also – ohne Reibungswiderstand oder Bodenkontakt – würde ich nicht aufhören, mich zu drehen.

Auf der Erde aber, wo wir z. B. der Schwerkraft ausgeliefert sind oder einen Luftwiderstand haben – den Fallschirmspringer beispielsweise nutzen, um ihre Drehrichtungen zu verändern –, kann unsere Rotation beendet werden. Dies macht meist entweder der Boden für uns oder wir verändern unsere Körperposition so, dass das Prinzip der Gegenwirkung greift und wir uns selbst an der Drehung hindern.

Aber: Die Rotationsgeschwindigkeit kann in beiden Fällen durch unsere Körperhaltung beeinflusst werden! Diese manipuliert unser **Trägheitsmoment**.

Zum Beschleunigen können Körperteile näher an die Drehachse herangeholt werden, während eine Verlangsamung durch das Abspreizen dieser erfolgen kann.

Abb. 62: Ein eng gesprungener Salto (links) rotiert schneller als ein weit geöffneter (rechts).

EXPERIMENT 5

Ein kurzes Experiment zur Veranschaulichung dieses Prinzips finden Sie übrigens hier:

© Georgij Sosunov

7

KAPITEL 8

Kapitel 8

BEVOR ES LOSGEHT

Nachdem nun Hintergründe zur Sportart und Grundlagen zu ihrer Vermittlung behandelt wurden, kann es in der ersehnten Praxis losgehen. Bevor es aber so weit ist, lohnt es sich, drei finale pragmatische Tipps zu berücksichtigen, die den Ablauf und Erfolg einer Trainingseinheit positiv beeinflussen.

TIPP 1: SCHREIBEN SIE EINEN STUNDENVERLAUFSPLAN!

Als Übungsleiter oder Lehrer macht es Sinn, sich im Vorhinein die Inhalte und Aufbauten, aber auch den benötigten Zeitaufwand für die einzelnen Blöcke zu notieren. Des Weiteren können auch schon mögliche Differenzierungen, Organisationsformen oder Bemerkungen dort hinterlegt werden, die einem die Durchführung später erleichtern können.

Ein nützliches Muster finden Sie hier:

STUNDENVERLAUFSPLAN

TIPP 2: WISSENSCHAFT STATT TRIAL-AND-ERROR!

Inzwischen gibt es viel Literatur und unzählige Medien, die gute und verlässliche Informationen über den aktuellen Stand der Wissenschaft liefern können. Gerade im Bereich der Trainingssteuerung, Bewegungsvermittlung oder, im Allgemeinen, der Sportwissenschaft und Pädagogik, wird man schnell fündig.

Um Ihren Teilnehmern das bestmögliche Training bieten zu können, sollten Inhalte und Methoden demnach nicht aus Glauben oder reiner Erfahrung heraus ausgewählt werden, sondern stets gut begründet und argumentiert werden können.

TIPP 3: DIE RICHTIGE KLEIDUNG!

Parkour benötigt kein zusätzliches Material. Nicht einmal Schuhe wären notwendig, um zu trainieren. Es kann also das getragen werden, was einem selbst ein gutes Gefühl der Beweglichkeit und Gemütlichkeit gibt.

Wer trotzdem Schuhe tragen möchte, sollte sich möglichst nach Modellen mit einer durchgängigen Sohle umsehen, damit es keine Brüche oder Risse gibt. Die Schuhe sollten zudem nicht zu stark gefedert sein, die Dämpfung und das Gefühl für den Untergrund sollten in einer subjektiv angenehmen Balance liegen.

© Philipp Holzmüller

Abb. 63: Nach einigen Monaten werden die meisten Schuhe ganz automatisch zu Barfußschuhen.

Einzig abzuraten ist von Handschuhen. Diese bieten nicht nur die Gefahr, an diversen Hindernissen hängen zu bleiben, sondern verhindern vor allem das Ertasten und Erfühlen der verschiedenen Untergründe. Diese haptischen Informationen braucht ein Traceur. Geschützt werden die Hände nach wenigen Sessions zudem sowieso schnell durch die eigene Hornhaut, die sich in Reaktion auf die neuen Belastungen bilden wird.

Und damit: Ab in die Praxis!

2.

PRAXIS

KAPITEL 9

Kapitel 9

WARM-UP: ÜBUNGEN UND SPIELE

Das Warm-up steht im Training an erster Stelle. Es soll Körper und Geist signalisieren, dass es losgeht und sie auf die folgenden Anforderungen der Einheit vorbereiten.

Aus diesem Grund bietet es sich an, sowohl die Gelenke zu mobilisieren, das Herz-Kreislauf-System anzuregen und erste Konzentrations- und Fokusübungen mit einzubauen. Auf diese Art und Weise sollen die Strukturen des Körpers an die steigende Belastung herangeführt, die Durchblutung und Sauerstoffversorgung erhöht, sowie die Reaktionszeit und der Aufmerksamkeitsfokus geschärft werden.

Dazu können die Traceure entweder langsam anfangen, sich kontrolliert zu bewegen und die Belastungen erst mit der Zeit zu steigern – oder sie durchlaufen ein eigenständiges Aufwärmprogramm.

Verschiedene Möglichkeiten und Spiele für ein solches sollen Ihnen nun vorgestellt werden.

9.1   Der Mobilisationszirkel

Das im Parkour wohl bekannteste Warm-up ist der sogenannte **Mobilisationszirkel** (auch: *Mobi* genannt). Hier stehen die Teilnehmer in einem großen Kreis nebeneinander und steuern jedes Gelenk – von Kopf bis Fuß – mit schwingenden, kreisenden oder stützenden Bewegungen einmal an.

Zusätzlich zur reinen Mobilisation können in diesen Ablauf auch Elemente aus dem dynamischen Dehnen, dem Kraftsport oder der Konzentration mit eingebunden werden. So kann der Zirkel inhaltsspezifisch auf die kommende Einheit hin individualisiert oder für eine heterogene[15] Gruppe differenziert werden.

© Philipp Raasch

Abb. 64: Von Kopf bis Fuß wird jedes Gelenk angesteuert und bewegt.

9

---

15   *Eine **heterogene Gruppe** ist eine Gruppe, in der die Teilnehmer ein unterschiedlich hohes Niveau haben.*

9.2 Spiele für den Kreislauf

Damit der Körper aber auch neben der Mobilisation auf Touren kommt, bieten sich verschiedenste Spiele an, um die Teilnehmer in Fahrt zu bringen. Dabei können sowohl schon bekannte Spiele durch kleine Modifikationen zu „Parkour-Spielen" werden als auch komplett einzigartige Ideen umgesetzt werden.

FEUER, WASSER, BLITZ – ZOMBIES!

© Richard Bielau

Ziel: Ziel des Spiels ist eine schnelle Reaktionszeit und ein erster Kontakt mit Hindernissen.

Aufbau: Hindernislandschaft

Zusätzliches Material: –

Spieler: 4-30 Teilnehmer

Durchführung:

Der Spielleiter erzählt eine (improvisierte) Geschichte mit bestimmten Signalwörtern. Diese dienen als Kommandos für die Teilnehmer, welche ansonsten frei durch die Hindernislandschaft joggen.

- **Feuer:** Die Teilnehmer kriechen auf allen vieren am Boden, um unter dem Rauch des Feuers zu entkommen. Die Knie dürfen dabei nicht abgesetzt werden!
- **Wasser:** Um nicht am Boden zu ertrinken, sollten die Teilnehmer sich möglichst schnell auf die Hindernisse begeben oder sich an diese hängen.
- **Blitz:** Die Teilnehmer müssen schnellstmöglich erstarren, um nicht vom Blitz getroffen zu werden.
- **Zombies:** Zombies sind langsam und unbeweglich. Um diesen also zu entfliehen, müssen die Teilnehmer ein Hindernis über- oder unterqueren, damit sie sicher sind.

Beendet wird ein Kommando durch ein weiteres oder durch die Aufforderung des Übungsleiters, dass sie weiterjoggen dürfen.

Differenzierung:

- **Strafe:** Diejenigen, die als Letzte das geforderte Signal ausführen oder dies falsch ausführen, müssen sich durch eine kleine Kraftübung (z. B. Liegestütz oder Kniebeugen) wieder „daran erinnern" oder „wärmer werden", damit dies nicht noch einmal passiert.

Sicherheitsrelevante Hinweise:

Mögliche Risiken des Aufbaus oder Spots sollten im Vorhinein geklärt werden. Zudem sollten die Teilnehmer stets Rücksicht auf die anderen Spieler nehmen und mit offenen Augen dabei sein, um nicht im Affekt versehentlich gegeneinanderzustoßen.

Vorsicht, Sicherheit und Bescheidenheit sollten beachtet werden.

9

SCHATTENLAUF

© Philipp Holzmüller

Ziel: Ziel des Spiels ist es, aufmerksam den Bewegungen eines Vordermanns zu folgen und eventuell schon erste Überwindungssprünge zu wiederholen.

Aufbau: Hindernislandschaft

Zusätzliches Material: –

Spieler: 2-30 Teilnehmer

Durchführung:

Die Spieler laufen hintereinander. Dabei versucht der Hintere – der Schatten –, die Bewegungen des Vordermanns möglichst genau zu imitieren.

Die Rolle des Vordermanns kann dabei entweder durch ein Signal des Übungsleiters oder durch eine bestimmte Handlung (z. B. Hinhocken) getauscht werden.

Differenzierung:

- **Drunter und drüber:** Sind die Teilnehmer schon etwas warm, so können erste, kleine Hindernisse mitgenutzt werden. Auf diese Weise werden erste Überwindungstechniken wiederholt und sich innerhalb der Paare kreativ ausgetauscht.

Sicherheitsrelevante Hinweise:

Mögliche Risiken des Aufbaus oder Spots sollten im Vorhinein geklärt werden. Zudem sollten die Teilnehmer stets Rücksicht auf die anderen Spieler nehmen und mit offenen Augen dabei sein, um nicht im Affekt versehentlich gegeneinanderzustoßen. Außerdem sollten die Teilnehmer beachten, dass die gezeigten Bewegungen dem Belastungsgrad einer Erwärmung noch entsprechen und auch für alle Teilnehmer der Kleingruppe realistisch durchführbar sind.

Vorsicht, Sicherheit, Respekt und Bescheidenheit sollten beachtet werden.

9

9.3   Fokus!

Zusätzlich zum Körper gilt es auch, den Geist anzuregen. Durch gemeinsame Herausforderungen soll so sichergestellt werden, dass die Anforderungen des Trainings auch gemeistert werden können. Es spielt keine Rolle, ob Bewegungskontrolle, Reaktionsschnelligkeit oder der sichere Umgang mit Wagnis oder Risiko – für einen Traceur ist der Kopf mindestens genauso wichtig wie die Beine!

FRIENDLY SPARING

Ziel: Neben einer schnellen Reaktionsfähigkeit soll es darum gehen, gemeinsame Regeln zu vereinbaren sowie Rücksicht zu nehmen und leichten Körperkontakt aufzubauen.

Aufbau: –

Zusätzliches Material: –

Spieler: 2 Teilnehmer (pro Kleingruppe)

Durchführung:

Zwei Partner stehen sich gegenüber und versuchen, den jeweils anderen mit der Hand am Oberschenkel zu berühren. Gelingt dies, bekommt der Gewinner einen Punkt. Gewonnen hat, wer zuerst drei Punkte gesammelt hat.

Die Spieler müssen dabei immer zueinander gerichtet stehen und es darf nicht geschlagen werden!

1. Die erste Phase

- Es werden Pärchen gebildet.
- Die Grundregeln werden erklärt und Sicherheitshinweise gegeben.
- Es werden Testmatches absolviert.

2. Die zweite Phase

- Die Partner einigen sich auf der Grundlage ihrer ersten Spielerfahrung auf individuelle, zusätzliche Regeln, um das Spiel flüssiger und besser zu gestalten (wenn sie es für nötig halten).
- Sie spielen weitere Spiele und testen die neuen Regeln.

Differenzierung:

Handicap: Beide Teilnehmer haben nur einen spielberechtigten Arm.

Zwei Leben: Jeder Oberschenkel symbolisiert ein Leben. Um einen Punkt zu gewinnen, muss also jeder Oberschenkel einmal berührt worden sein.

Sicherheitsrelevante Hinweise:

Die Teilnehmer sollen auf ihre Köpfe achten! Wenn beide Partner gleichzeitig attackieren, kommt es sonst gegebenenfalls zur Kollision.

Vorsicht, Sicherheit, Respekt und Bescheidenheit sollten beachtet werden.

9

DIE VERMESSUNG DER WELT

© Dennis Karotsch

Ziel: Die Konzentrations- und Balancefähigkeiten werden in einer kraft-, fokus- und mobilisationsintensiven Übung herausgefordert.

Aufbau: –

Zusätzliches Material: –

Spieler: Ein Teilnehmer

Durchführung:

Der Traceur steht auf einem Bein. Nacheinander versucht er nun, mit dem anderen, freischwebenden Bein den jeweils für ihn am weitesten möglichen Punkt auf dem Boden mit den Zehen anzutippen. Dies macht er nach vorn, zu beiden Seiten und nach hinten. Die Ferse seines Standbeins muss dabei dauerhaft Bodenkontakt behalten!

© Dennis Karotsch (4)

Abb. 65: Vor allem Stabilität und Konzentration werden hier vom Spieler gefordert.

Differenzierung:

- **Ohne Pause:** Die vier Punkte müssen hintereinander abgearbeitet werden. Zwischendurch Pause zu machen oder abzusetzen, ist verboten!
- **Augen zu:** Soll es noch schwieriger werden, so können die Augen dabei geschlossen werden!
- **Hände weg:** Die Arme dürfen zum Ausbalancieren nicht zu Hilfe genommen werden, sondern müssen in die Hüften gestemmt werden.

Sicherheitsrelevante Hinweise:

Es sollte auf eine gute Haltung und eine sichere, kontrollierte Ausführung geachtet werden.

Vorsicht und Bescheidenheit sollten beachtet werden.

KAPITEL 10

Kapitel 10

HAUPTTEIL: BEWEGUNGSFELDER UND TECHNIKEN

Sind die Teilnehmer warm und motiviert, kann es endlich richtig zur Sache gehen!

Organisiert nach Bewegungsfeldern, finden Sie in diesem Kapitel nun einige Anregungen und Bewegungsvorschläge. Dabei werden konkrete Techniken genauso vorgestellt, wie Spielideen oder Herausforderungen. So können Sie den Teilnehmern vielfältige Trainingsmöglichkeiten bieten.

HINWEIS

Bedenken Sie bitte, dass das Parkour-Training *kein* ausschließlich normgebundenes Techniktraining sein sollte! Versuchen Sie, die hier gezeigten methodischen Reihen also in einen herausfordernden Kontext einzubinden oder sie daraus herzuleiten.

10.1 Bewegungsfeld 1: Balancieren

Das **Balancieren** gehört zu den bedingungslosen Grundfertigkeiten eines jeden Traceurs. So hilft es etwa nicht nur beim Laufen oder Landen auf schmalen Hindernissen, sondern gehört auch zu den koordinativen Grundfähigkeiten, die (u. a.) die sportliche Leistungsfähigkeit definieren.

Daher sollte dieses Bewegungsfeld von Beginn an und dauerhaft behandelt und aufgegriffen werden. Dies kann sowohl in der Fokussierung innerhalb der Erwärmung als auch im Hauptteil geschehen.

Grundposition:
- Der Traceur steht mit einem Bein auf dem Hindernis.
- Der Fuß liegt mittig und gerade auf.
- Die Arme und das freie Bein sind abgespreizt und helfen beim Ausbalancieren.
- Der Blick fixiert das Hindernis in etwa einem 45°-Winkel.

Bewegungsablauf:
- Aus der sicheren Grundposition heraus wird das freie Bein nach vorn geführt.
- Das freie Bein setzt vorsichtig *vor* dem Standbein auf dem Hindernis auf.
- Die Belastung wechselt auf das neue Standbein.
- Die Grundposition (mit jetzt gewechseltem Standbein) wird wieder eingenommen.

Häufige Fehler:
- Fehlpositionierung der Füße (z. B. diagonal auf dem Hindernis)
- Blick auf die eigenen Füße
- Hektik
- Überzeugung, dass das Balancieren ein flüssiges Laufen sein muss, anstelle eines ständigen Wechselns der Grundposition

BALANCIEREN: EINE METHODISCHE REIHE

Ziel: Das sichere, selbstständige Balancieren über ein schmales Hindernis

Aufbau: Schmale Hindernisse (z. B. dünne Mauer, Stange, Schwebebalken etc.)

Zusätzliches Material: –

Konditionelle Voraussetzungen: –

Technische Voraussetzungen: –

Schritt 1: Erlernen der Grundposition

Die Teilnehmer werden über die korrekte Grundposition des Balancierens informiert. Sie bilden Zweierpaare, um diese auszuprobieren und um sich gegenseitig zu korrigieren.

Abb. 66: Zwei Athleten erproben die Grundposition.

IDEE

Steht der Athlet sicher, kann der Partner versuchen, ihn durch leichtes Stoßen und Zupfen aus dem Gleichgewicht zu bringen.

Schritt 2: Die Grundposition anwenden

Wurde die Position verinnerlicht und erprobt, können sich die Teilnehmer nun auf das Hindernis begeben. Dort gilt es ebenfalls, zuerst nur die Grundposition einzunehmen und diese kontrollieren zu lernen.

IDEE

Handelt es sich um ein höheres Hindernis (z. B. Geländer/Schwebebalken), sollten die Teilnehmer zusätzlich direkt den Auftrag bekommen, wenn sie fallen oder abspringen sollten, das Hindernis direkt wieder zu greifen und mit diesem Kontakt sicher neben ihm stehend zu landen. Dies trainiert das bewusste „Stürzen" und bildet direkt einen sicherheitsrelevanten Reflex aus.

Schritt 3: Die Zielbewegung

10

Die Teilnehmer dürfen sich nun am Wechsel der Grundpositionen, also am Gehen, versuchen.

Der Partner kann dabei mit seiner Schulter oder Hand eine Hilfe anbieten. Er sollte jedoch aufpassen, dass der Athlet ihn beim Ausbalancieren nicht mit seinen Gliedmaßen trifft.

IDEE

Auch hier gilt der Zusatzauftrag des kontrollierten Sturzes bzw. Abstiegs.

Abb. 67: Die beiden Sportler probieren sich an der Zielbewegung.

BALANCIEREN: VARIATIONEN

Als klassische Variation des Gangs vorwärts gilt dabei der **Gang rückwärts**. Dieser funktioniert nach demselben Prinzip. Anstelle einer visuellen Führung sollte nun aber mit den Füßen getastet werden.

© Georgij Sosunov

Zusätzlich sollten vor allem die **Hocke** sowie das **seitliche Stehen** auf einem schmalen Hindernis regelmäßig trainiert werden. Hier steht der Traceur mit den Fußballen auf dem Hindernis und sucht sich zum Fixieren einen Punkt am Horizont. In Kombination mit dem Gang vorwärts kann so also z. B. eine Abfolge aus Gehen, 90°-Drehen, Hocken, Aufstehen, Weitergehen usw. zum Üben erstellt werden.

© Philipp Raasch

© Philipp Holzmüller

Ebenfalls nützlich zur Schulung von Kraft und Koordination ist der sogenannte **Animal Walk**. Dieser bezeichnet einen katzenartigen Gang auf allen vieren, bei dem der Körper lang und flach über das Hindernis geführt wird.

BALANCIEREN: SPIELFORMEN UND HERAUSFORDERUNGEN

Wird das Balancieren grundsätzlich beherrscht, können auch diverse Spielformen die Traceure noch einmal richtig herausfordern!

EVOLUTION

© Dennis Karotsch

10

Ziel: Die Teilnehmer sollen verschiedene Arten des Balancierens kennen und beherrschen lernen.

Aufbau: Schmales Hindernis

Zusätzliches Material: –

Spieler: 1 Teilnehmer

Durchführung:

Die Athleten sollen durch diverse Balancierarten die Evolution nachstellen. Beginnend beim Animal Walk auf allen vieren über das Gehen in der Hocke (auch: „Entengang") bis in den aufrechten Gang.

Differenzierungen:

- **De-evolution:** Was vorwärts geht, geht auch rückwärts! Beginnend aus dem aufrechten Gang, wird sich bis zum Animal Walk zurückgearbeitet – und zwar *rückwärts*.
- **Augen zu!:** Die Aufgabe bleibt dieselbe, jetzt aber mit geschlossenen Augen.
- **Hände weg!:** Die Hände werden hinter dem Rücken versteckt oder in die Hüften gestellt. So können sie nicht mehr beim Ausbalancieren helfen.

Sicherheitsrelevante Hinweise:

Die Teilnehmer sollten das bewusste Stürzen verinnerlicht haben und ausführen können.

Vorsicht, Sicherheit, Respekt und Bescheidenheit sollten beachtet werden.

BÄUMCHEN WECHSLE DICH!

© Richard Bielau

Ziel: Die Teilnehmer sollen das Balancieren in Anwendung und Herausforderungen erleben und einsetzen.

Aufbau: Ein schmales Hindernis

Zusätzliches Material: –

Spieler: 3 – beliebig viele Teilnehmer

Durchführung:

Mindestens drei Teilnehmer stehen nebeneinander auf einem Hindernis. Die Aufgabe ist, dass die beiden äußeren Teilnehmer ihre Plätze tauschen. Dazu müssen sie am Athleten in der Mitte und am anderen Teilnehmer vorbei. Das Hindernis darf dabei nicht verlassen und der Boden nicht berührt werden.

Differenzierungen:

- **Strafe:** Wird der Boden berührt, muss entweder eine Aufgabe absolviert werden (z. B. Kraftübungen) oder der gesamte Prozess beginnt von vorne.
- **Pssst!:** Es darf nicht geredet werden. Die Kommunikation und Planung geschieht nur durch Zeichen und Pantomime.
- **Handicap:** Die gesamte Gruppe (oder einzelne Teilnehmer) haben ein Handicap. Sie können z. B. nur einen Arm nutzen oder sind blind.

Sicherheitsrelevante Hinweise:

Die Teilnehmer sollten das bewusste Stürzen verinnerlicht haben und ausführen können. Zudem sollten alle Teilnehmer einem gewissen Körperkontakt zustimmen und diesen zulassen können.

Vorsicht, Sicherheit, Respekt und Bescheidenheit sollten beachtet werden.

10.2 Bewegungsfeld 2: Springen und Landen

„Jeder Sprung ist nur so gut wie seine Landung!"

Dieses Mantra ist simpel, aber im Parkour von großer Bedeutung. Ein Traceur hat nämlich mit extremen Belastungen und Krafteinwirkungen zu tun, die er möglichst schonend und kontrolliert abfangen und verarbeiten können muss. Will er also nachhaltig und verletzungsfrei trainieren können, muss er sich das dazu notwendige Maß an Kraft und Kontrolle erarbeiten.

Aber nicht nur die Widerstandsfähigkeit und der Umgang mit Impacts (Aufschlagskräfte bei Landungen) stehen im Fokus der Parkour-Landetechniken, sondern auch Präzision und Selbsteinschätzung. Es spielt keine Rolle, ob es sich um Sprungweiten, Landungen mit Konsequenzen (z. B. auf Höhe) oder auf schmale Flächen handelt: Ein Athlet muss wissen, was er kann, wie gut er es kann und muss sich auf seinen Körper und seine Einschätzungen verlassen können.

Aus diesem Grund sollte die **Landungsschulung** als eines der ersten Themen der Parkour-Vermittlung behandelt werden. Dabei können dann sogar Themen wie Selbsteinschätzung, Nachhaltigkeit, Vorsicht und Bescheidenheit sowie erste relevante Grundlagen der Biomechanik mitaufgegriffen werden.

10.2.1   Der Präzisionssprung

Der **Präzisionssprung** (auch: *Prezi* oder *Pre*) ist eine Sprungtechnik mit dem Ziel einer punktgenauen Landung auf einer zuvor definierten Fläche. Dabei wird er klassisch als Stand-(Weit-)Sprung mit beidbeinigem Absprung und beidbeiniger, zielgenauer Landung im sicheren Stand definiert. Denkbar ist die Präzisionssprunglandung aber auch aus nahezu jeder anderen Bewegung heraus. Dabei wird vom Traceur nicht nur eine perfekte Einschätzung der eigenen Fähigkeiten, sondern auch ein trainiertes Auge für Distanzen gefordert.

Ausgangsposition:

- Maximal schulterbreiter Stand an der Kante eines Hindernisses
- Die Kante verläuft zwischen Zehen und Fußballen.
- Die Arme befinden sich in Vorhochhalte.
- Der Blick ist auf das Ziel gerichtet.

Absprung:

- Die Arme kreisen zum Schwungholen, in einer runden Bewegung, hinter den Körper.
- Die Knie werden gebeugt, um eine muskuläre Vorspannung zu erzeugen.
- Die Arme schnellen weiter nach vorne oben.
- Der Körper fällt in eine Vorlage, während sich die Knie explosiv strecken.

Flugphase:

- Wechsel von der Körpervorlage in die Körperrücklage
- Die Beine zeigen nun gestreckt, mit dem Fußballen voran, auf die Landekante (im Parkour: *Pointen*).

Landung:

- Aus dem Pointen heraus berühren die Fußballen zuerst die Kante.
- Die Bewegungsenergie wird durch ein Beugen von Knien und Hüfte gebremst.

Endposition:

- Maximal schulterbreiter Stand an der Kante eines Hindernisses
- Die Ferse schwebt frei.
- Die Knie sind leicht gebeugt.
- Die Arme befinden sich in Vorhochhalte.
- Der Rücken ist möglichst gerade.
- Der Traceur steht fest und sicher auf der Stelle (im Parkour: *Stick*).

Häufige Fehler:

- Definition der Landeposition als „Zehenspitzen" (Folge: Vorschieben der Knie)
- Ausweichen der Knie nach innen
- Angst vor der Kante durch fehlende Selbsteinschätzung
- Unpassendes Timing der Koordination der Teilelemente im Absprung

Hier gibt's die Bewegung in Aktion:

DER PRÄZISIONSSPRUNG: EINE METHODISCHE REIHE

Ziel: Ein dynamischer Standweitsprung mit sicherer, zielgenauer Landung sowie erste Kompetenzen in Selbst- und Entfernungseinschätzung, kombiniert mit grobem Wissen über Kraftwirkungen und deren Folgen.

Aufbau: Niedrige Kanten (z. B. Bordstein, Turnmatten, Kastendeckel o. Ä.)

Zusätzliches Material: –

Konditionelle Voraussetzungen: Beinkraft; Rumpfspannung

Technische Voraussetzungen: –

Schritt 1: Ein Experiment!

Um mit einer Erfahrung zu beginnen und die späteren Inhalte nachvollziehbar und unmittelbar spürbar zu machen, bekommen die Teilnehmer eine Aufgabe:

Sie sollen zweimal einen Strecksprung aus dem Stand ausführen, während sie sich dabei die Ohren zuhalten. Einmal landen sie dabei mit festen Beinen auf der Ferse, beim zweiten Mal abfedernd auf dem Fußballen.

Abb. 68: Ein kleines Experiment mit großem „Aha-Effekt"!

Haben sie dies getan, sollen sie der Gruppe erzählen, was sie gehört und gespürt haben.

Schritt 2: Verständnis über die Relevanz von Landungen und Präzision

In der Reflexion des Experiments wird schnell deutlich, dass eine abfedernde Landung auf dem Fußballen sowohl leiser ist als sich auch besser anfühlt. Das liegt daran, dass die Kraft des Aufschlags bei der einen Landung durch alle Gelenke und Strukturen geschossen ist, während sie bei der anderen Landung hauptsächlich von den Muskeln abgefangen wird. Dies zeigt, dass eine gute Landung für einen Traceur und dessen körperliche Gesundheit unabdingbar ist.

Zudem können Gedankenspiele nun dazu beitragen, eine erste Idee davon zu vermitteln, wieso auch die Selbsteinschätzung und Präzision im Parkour relevant sein könnten (z. B.: „Wenn ich auf ein Geländer springen möchte, muss ich es treffen." Und: „Ist dieses Geländer 3 m hoch, dann sollte ich auch stehen bleiben können!").

Schritt 3: Die Landeposition

Nachdem die Gruppe verstanden hat, wieso der Präzisionssprung die wohl wichtigste Technik im Parkour ist, kann damit begonnen werden, die Landeposition zu demonstrieren.

10

Abb. 69: Gerader Rücken, Arme in Vorhochhalte, gebeugte Knie und Hüfte sowie eine leicht angehobene Ferse: Eine gute Präzisionssprunglandung!

Wurde sie verstanden, können die Teilnehmer sie aus kleinen Strecksprüngen heraus verinnerlichen. Dabei sollten sie nach der Landung möglichst stehen bleiben und mindestens drei Sekunden sicher in der Landeposition verharren können.

IDEE

Der im Experiment erfahrene Faktor der Lautstärke einer Landung kann im weiteren Verlauf als Indikator einer guten Technik genutzt werden. Teilnehmer können also dazu aufgefordert werden, möglichst leise zu sein und kein Geräusch von sich zu geben beim Landen – wie ein Ninja.

HINWEIS

Achten Sie darauf, dass die Knie der Teilnehmer beim Landen nicht nach vorne oder nach innen ausweichen. Zur Vermeidung sollten Anfänger daher besser mit geschlossenen Füßen springen, bis ihre Beine stark genug sind!

Schritt 4: Der Faktor Präzision

Nachdem die Landeposition verinnerlicht wurde, geht es mit ersten Standsprüngen weiter. Dabei sollen die Teilnehmer versuchen, sich Linien auf dem Boden zu suchen (z. B. Markierungen in der Halle oder Fugen im Pflaster draußen) und aus verschiedenen Entfernungen mit dem Fußballen (leise) darauf zu landen. Die Landung zählt dabei als gelungen, wenn sie für mindestens drei Sekunden *gestickt* wurde.

HINWEIS

Spätestens hier sollte der Wert Bescheidenheit in den Fokus treten. Entfernung ist nicht alles!

Schritt 5: Jetzt wird es ernst!

Wurden erste Erfahrungen mit Distanz- und Selbsteinschätzung gesammelt, finden sich die Teilnehmer jetzt in Zweiergruppen zusammen. Ihre Aufgabe ist es erneut, sich Landelinien auf dem Boden zu suchen und sicher darauf zu springen.

Nun aber soll einer der Partner seinen Fuß parallel zur Landelinie mit einem solchen Abstand positionieren, dass der springende Sportler nicht mehr über sein Ziel hinausschießen kann.

Wird diesem anfangs noch viel Platz eingeräumt, so kann mit jedem erfolgreichen Versuch die Entfernung zur Landelinie schrumpfen. Dabei sollen sich Athlet und Partner stetig austauschen und Einigungen treffen. Ziel ist es, seine eigene Einschätzung zu verbalisieren und auf die Probe zu stellen.

Die Teilnehmer wechseln sich nach einigen Versuchen ab.

Abb. 70: Zu Beginn noch Füße, später vielleicht sogar die Hände!

10

IDEE

Werden die Teilnehmer sicherer in ihrer Einschätzung und Technik, dann kann der Fuß durch Unterarme oder Hände ausgetauscht werden. Beide Partner müssen sich dabei aber wohlfühlen und einander vertrauen. Ist dies nicht der Fall, kann der Partner auch durch Seile, Wasserflaschen und andersartige Objekte ersetzt werden, die als Begrenzung dienen können.

HINWEIS

Der Partner, der seinen Fuß bereitstellt, sollte sich so positionieren, dass ihn der Springende nicht gefährlich treffen kann. Zudem sollte eine klare und empathische Kommunikation herrschen!

Schritt 6: Living on the Edge

Nachdem der Präzisionssprung zur Genüge auf dem Boden trainiert worden ist, darf er schlussendlich auf echten Kanten und Hindernissen ausprobiert werden. Einerlei, ob Stange, Bordstein oder Turnmatte: Alle Kanten sollen aus geringen Entfernungen einmal angesprungen werden. Ziel ist auch hier der sichere Stick.

IDEE

Die Partner könnten als Team zusammenbleiben, gemeinsam Erfahrungen sammeln und bei gutem Erfolg auch an den Kanten das Spiel mit den Begrenzungen durch Körperteile (oder Objekte) wiederholen!

HINWEIS

Werden in Sporthallen Hindernisse, wie z. B. umgedrehte Bänke oder Kastendeckel, genutzt, so sollten diese gegen ein Kippen oder Rutschen gesichert werden! Dazu können am besten andere Sportler nach ihren Sprüngen das Objekt sichern und sich stetig abwechseln. Das stärkt nicht nur das Wissen über das Risiko, sondern regt auch Verantwortung und Vertrauen an.

DER PRÄZISIONSSPRUNG: VARIATIONEN

© Georgij Sosunov

Generell ist der Präzisionssprung durch seine spezielle, zielgenaue Landung definiert. Diese kann sowohl in Winkel und Richtung verändert, aber auch als Bewegungsziel an nahezu jede existierende Technik angehängt werden. Typischerweise erhält diese dann das Anhängsel „**Pre**".

Klassische Variationen sind zudem der sogenannte **Running Pre**, bei dem mit Anlauf in eine präzise Landung hineingesprungen wird, sowie der **Plyo Pre**, bei welchem durch einen Stemmschritt oder einen beidbeinigen Absprung nach Anlauf reaktiv abgesprungen wird, ehe eine präzise Landung erfolgt.

HINWEIS

Durch die tendenziell zunehmend weiteren Entfernungen und die damit verbundenen höheren Kräfte sollten sich Anfänger vorerst mit dem Standsprung begnügen, bis sie ihre Kraft und Entfernungen präzise genug einzuschätzen gelernt haben.

10

Zuletzt können bei einem Präzisionssprung sogar Hindernisse in der Flugphase liegen, die übersprungen werden müssen (genannt: **Alleh Hop** oder *Hurdle*) oder weite, präzise Schritte – **Strides** genannt – fordern den Athleten heraus!

© Andi Wöhle

SPIELFORMEN UND HERAUSFORDERUNGEN

Wird der Präzisionssprung grundsätzlich beherrscht, können diverse Spielformen die Traceure noch einmal richtig herausfordern und die gelernten Bewegungsmuster vertiefen.

STICK, TAC, TOE

© Richard Bielau

Ziel: Präzises Landen in definierten (Spiel-)Feldern sowie Kommunikation und Strategie in einem Team

Aufbau: –

Zusätzliches Material: Markierung (z. B. Klebeband oder Kreide), Spielsteine (z. B. Bänder, Steine o. Ä.)

Spieler: 2-10 Teilnehmer

Durchführung:

Zwei Teams spielen *Tic, Tac, Toe* in einem 3 x 3 Felder großen Bereich.

Nacheinander darf ein Spieler jeder Mannschaft ein Feld für sein Team erobern und markieren, indem er einen Sprung sicher darin landet. Dabei müssen beide Teams zustimmen, dass die Landung auch gut genug war, um sie zählen zu lassen!

Das Team mit drei ihrer Markierungen in einer Reihe gewinnt.

Differenzierung:

- **Hindernisse:** Die Sprünge können von Hindernissen aus oder am Ende von Überwindungssprüngen in die Felder hinein geschehen.
- **Größe:** Die Größe der Felder kann verändert und angepasst werden.

Sicherheitsrelevante Hinweise:

Korrekte Ausführung sollte im Vordergrund stehen, nicht das Gewinnen!

Vorsicht, Sicherheit und Bescheidenheit sollten beachtet werden.

PERFECT 10

© Richard Bielau

Ziel: Konsistente Ausführung und Selbsteinschätzung bei einem Präzisionssprung

Aufbau: Ein beliebiger Präzisionssprung

Zusätzliches Material: –

Spieler: Beliebig

Durchführung:

Ein Teilnehmer versucht, einen einzelnen Präzisionssprung 10-mal am Stück perfekt zu sticken. Gelingt ihm das nicht, so muss er von vorne beginnen. Zusätzlich könnte eine Strafe absolviert werden (z. B. Kraftübungen).

Differenzierungen:

- **Team:** Die Herausforderung kann auch als Team bewältigt werden. Hier wird der Sprung immer alternierend von den Spielern ausgeführt. Stürzt dabei einer, beginnen alle wieder von vorn. Ziel ist es, dass alle Spieler ihre 10 Sprünge fehlerfrei sticken.

Sicherheitsrelevante Hinweise:

Der Sprung sollte so gewählt sein, dass auch trotz möglicher steigender Ermüdung die Sicherheit garantiert ist.

Vorsicht, Sicherheit und Bescheidenheit sollten beachtet werden.

10.2.2 Die Vier-Punkt-Landung

Die **Vier-Punkt-Landung** erhält ihren Namen durch die Zuhilfenahme aller vier Extremitäten. Hierbei ist es das Ziel, die einwirkenden Kräfte so abzufangen, dass sie flüssig in einen dynamischen Lauf weitergeleitet werden. Ebenfalls zum Einsatz kommt diese Technik auf unsicheren Landeflächen oder bei Sprüngen mit hohen Konsequenzen.

Durch den tiefen Körperschwerpunkt bei ihrer niedrigen Landung ist eine hohe Stabilität gewährleistet. Zudem kann der Einsatz der Arme hier auch zusätzliche Sicherheit erzeugen, indem z. B. mit den Händen gegriffen wird.

Welche konkrete Bewegung der Vier-Punkt-Landung vorhergeht, ist irrelevant.

Ausgangsposition:

- Der Körper ist im Landeanflug aus einer vorhergegangenen Bewegung.
- Die Beine sind in Richtung Boden gestreckt.
- Der Blick fixiert die Landefläche.

Landung:

- Die Fußballen prallen zuerst auf den Boden.
- Die Knie beugen sich und absorbieren den ersten Impact.
- Der Körper fällt in eine Vorlage.
- Die Hände stützen mit der flachen Handfläche vor und zwischen den Beinen.
- Die Bewegungsenergie der Landung wird in den Lauf weitergeschoben.

Häufige Fehler:

- Zu geringe Körpervorlage (Folge: Die Arme helfen der Kraftabsorption nicht.)
- Arme neben den Knien (Folge: Durchschlagen der Knie gegen die Rippen)
- Aufsetzen der Fingerspitzen anstatt der flachen Hand

10

Hier gibt's die Bewegung in Aktion:

DIE VIER-PUNKT-LANDUNG: EINE METHODISCHE REIHE

Ziel: Eine sichere Vier-Punkt-Landung hinein in einen dynamischen Lauf

Aufbau: Maximal kniehohe Hindernisse (z. B. kleine Kästen o. Ä.)

Zusätzliches Material: Gegebenenfalls Seile (o. Ä.)

Konditionelle Voraussetzungen: Beinkraft; Stützkraft

Technische Voraussetzungen: Präzisionssprung (Grundlagen); Animal Walk auf dem Boden

Schritt 1: Alle in Position!

Die Landeposition der Vier-Punkt-Landung wird erläutert und kurz ausprobiert.

Abb. 71: Die Hände sollten vor und zwischen den Knien aufgesetzt werden, damit diese im Notfall nicht gegen die Brust schlagen können.

Schritt 2: Dynamik!

Da sich die Vier-Punkt-Landung durch eine gewisse Dynamik auszeichnet – und somit statisch nicht wirklich gut nachvollziehbar ist –, sollen die Teilnehmer nun erste Erfahrungen mit der Technik in Aktion machen. Hierzu finden sie sich in Pärchen oder Kleingruppen an einem niedrigen Hindernis zusammen.

Ein Athlet steht dabei auf dem Hindernis, während sich ein zweiter Teilnehmer vor ihm in Position bringt. Diesem teilt der Athlet mit, in welcher Höhe er sich befinden darf (z. B. liegen, hocken, bücken).

Anschließend springt der Athlet aus dem Stand über seinen Freund, landet mit der Vier-Punkt-Landung und soll nach dieser flüssig in den Lauf kommen, indem er eine Markierung (z. B. Linie auf dem Boden) überquert.

10

Abb. 72: Der Partner im Sprung sorgt für die Einbindung aller Teilnehmer, einen stärkeren Fokus und, letztendlich, mehr Spaß.

HINWEIS

Bescheidenheit im Vordergrund! Die Teilnehmer sollten nicht sofort versuchen, über ihre aufrecht stehenden Freunde zu hüpfen, sondern sich langsam hocharbeiten. Dabei sollten sich beide Beteiligten zudem wohlfühlen und klar miteinander verständigen.

IDEE

Um eine ruhige, konzentrierte Stimmung zu erzeugen, kann der Aspekt der leisen Parkour-Landung genutzt werden. Die Teilnehmer könnten also dazu aufgefordert werden, so leise wie möglich zu landen, oder sogar nicht zu reden! Auf diese Art und Weise müssen sich die beteiligten Partner wortlos absprechen. Der Fokus liegt sofort hörbar auf einer guten Ausführung statt auf wilden Sprüngen.

Zudem könnte der Partner auch durch ein von zwei Teilnehmern gehaltenes Seil ersetzt werden. Dies reduziert mögliche Ängste.

DIE VIER-PUNKT-LANDUNG: VARIATIONEN

Eine mögliche Variation der Vier-Punkt-Landung ist der sogenannte **Splat** (dt.: *Patsch*). Dabei fangen die vier Gliedmaßen die Bewegungsenergie nicht auf dem horizontalen Boden ab, sondern an einem vertikalen Hindernis. Dies erlaubt es dem Athleten, kontrolliert von einer Wand abzutropfen.

© Kosta Krunic

10.2.3   Das Abrollen

Das **Abrollen** ist die wohl bekannteste Technik im Parkour – parallel aber auch eine der komplexesten. Gebraucht wird sie dann, wenn die zu absorbierende Energie im Aufprall so hoch wird, dass sogar eine Vier-Punkt-Landung nicht mehr ausreichend ist.

Ausgangsposition:

- Der Körper ist im Landeanflug aus einer vorhergegangenen Bewegung.
- Die Beine sind in Richtung Boden gestreckt.
- Der Blick fixiert die Landefläche.

Landung:

- Die Fußballen prallen zuerst auf den Boden.
- Die Knie beugen sich und absorbieren den ersten Impact.
- Der Körper fällt in eine Vorlage.
- Die Hände stützen in einer „diamant"-artigen Position flach auf dem Boden auf.
- Die Schulter des eingedrehten Arms wird in Richtung Boden geführt.
- Die Beine schieben die Bewegungsenergie des Impacts nach *vorn* in die Rolle.
- Der Traceur rollt diagonal über den Rücken.
- Aus der sitzartigen Endposition kann der Athlet aufstehen und weiterlaufen.

Häufige Fehler:

10

- Die Positionierung der Hände (z. B. Faust statt Handfläche auf dem Boden)
- Das Timing der Rolle nach der Landung
- Die Richtung der Rolle (z. B. zu gerade über die Wirbelsäule)

Hier gibt's die Bewegung in Aktion:

DAS ABROLLEN: EINE METHODISCHE REIHE

Ziel: Die Anwendung einer dynamischen und effizienten Rolltechnik

Aufbau: Relativ weicher Untergrund (z. B. Läufer, Turnmatte, Rasen)

Zusätzliches Material: –

Konditionelle Voraussetzungen: Beinkraft; Stützkraft

Technische Voraussetzungen: Vier-Punkt-Landung; Rollbewegungen jeglicher Art

Schritt 1: Sitzen und Schaukeln

Um den Teilnehmern eine erste Idee der Rolle zu vermitteln, bietet es sich an, sie mit der ungewohnten Endposition vertraut zu machen. Hierzu nehmen die Athleten die auf Abb. 74 dargestellte Position ein. Das Körpergewicht liegt dabei primär auf der Gesäßseite des abgewinkelten Beins.

Abb. 73: Diese Position erinnert viele Teilnehmer an ein entspanntes Sitzen und kann daher meist schnell vermittelt werden.

Haben die Teilnehmer diese Position verinnerlicht, bekommen sie die Aufgabe, von dort aus rückwärts auf ihre diagonal versetzte Schulter zu rollen. Dabei behalten sie die enge Körperposition bei.

Sie können nun von der Schulter zur Endposition hin- und herschaukeln.

Abb. 74: Durch das Hin- und Herschaukeln soll den Teilnehmern die korrekte Richtung sowie die Endposition vertraut gemacht werden.

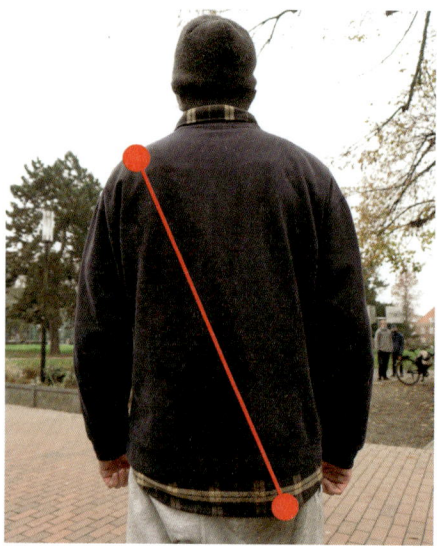

Auf diese Art und Weise sammeln die Teilnehmer nicht nur wertvolle Erfahrungen in dieser noch ungewohnten Position am Boden, sondern verinnerlichen gleichzeitig auch die diagonale Richtung, in der die Parkour-Rolle über den Rücken geführt wird.

Abb. 75: Im Parkour wird diagonal über die Muskulatur gerollt, um die Wirbelsäule und weitere knöcherne Strukturen zu schützen.

Schritt 2: Halte dich fest!

Abb. 76: Der Fokus sollte hier darauf liegen, während des Rollens in einer engen Körperposition zu bleiben und in der korrekten Endposition herauszukommen.

Wurden erste Erfahrungen mit der Endposition und Rücklage in der Rolle gesammelt, kann nun mit einer vereinfachten Variation des Abrollens weitergemacht werden.

Dazu knien sich die Teilnehmer in eine Ausfallschrittposition. Das Bein auf der Seite der Schulter, über die sie rollen möchten, steht dabei *vor* dem Körper. Der Arm derselben Seite greift nun von innen unter die Sohle des Schuhs. Dabei muss der Ellbogen immer innerhalb des Knies bleiben. Die zweite Hand stützt normal.

Aus dieser Position schieben sich die Teilnehmer nun vorsichtig nach vorne unten, legen die Schulter zur Rolle auf dem Boden ab, bleiben klein und enden so automatisch wieder in der zuvor erlernten Endposition.

HINWEIS

Der Kopf sollte den Boden niemals berühren. Zudem sollte sichergestellt werden, dass sich nicht auf den Rücken geworfen, sondern geschoben wird!

10

Schritt 3: Diamantposition

Wurde die Vorübung erfolgreich absolviert, kann nun die Handpositionierung hinzugefügt werden. Dabei ist die Hand der Schulter, über welche gerollt werden soll, eingedreht. Des Weiteren befinden sich die Hände in ihrer Position vor dem Bein, das im Ausfallschritt hinten steht. So ist dafür gesorgt, dass die Bewegungsrichtung der Rolle stimmt.

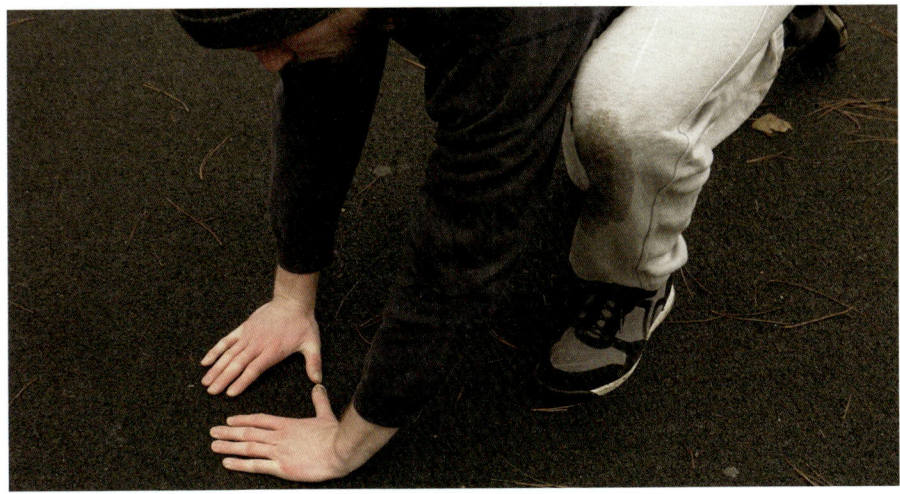

Abb. 77: Diese Handposition wird gerne auch „Diamant" genannt.

Ist die Platzierung verstanden worden, nehmen die Teilnehmer erneut die kniende Ausfallschrittstellung ein. Ihre Hände zeigen dabei in der Diamanthaltung nach vorn.

Aus dieser Startlage heraus schieben sich die Teilnehmer nun wieder flach nach vorn in Richtung Boden und setzen aus der Bewegung heraus die Hände auf dem Boden auf. Sie legen vorsichtig ihre Schulter ab und rollen – wie gehabt – diagonal nach vorn über den Rücken, bis in die sitzende Endposition.

Abb. 78: Auch hier ist auf eine kompakte Körperhaltung und eine kontrollierte Führung zu achten.

Schritt 4: Aus der Hocke in den Stand – in den Flug

Die Übung aus Schritt 3 wird nun aus der Hocke begonnen.

Klappt dies gut, kann dann anschließend aus dem Stand und final aus einem kleinen Sprung gestartet werden.

Schritt 5: Härtetest

Fühlt sich ein Traceur in seiner Rolle sicher, ist es Zeit, zu testen, ob der von ihm erlernte Ablauf auch wirklich sauber und schmerzfrei über den Rücken rollt. Hierzu wiederholt er sie nun auf hartem Boden (z. B. Hallenboden, Asphalt). Spürt er dabei noch schmerzvolle Punkte, so muss er weiterüben.

10

Abb. 79: Der Asphalt zeigt einem oftmals schnell die letzten Schwachstellen auf.

Die Methodik finden Sie hier in Bewegung:

DAS ABROLLEN: VARIATIONEN

Das Rollen muss aber nicht immer nur nach einer Landung eingesetzt werden. Tatsächlich eignen sich bestimmte Rollvarianten auch zur Über- oder Unterwindung eines Hindernisses.

© Philipp Holzmüller

Am bekanntesten ist dabei vermutlich die **Flugrolle** (auch: *Diveroll*). Hier hechtet ein Traceur aus einem Absprung heraus in eine steile Rolle hinein, um z. B. durch enge Lücken zu fliegen oder über Hindernisse zu gelangen.

Aber auch **auf** Mauern, Stangen und Co. lässt sich mit etwas Training rollen. In diesem Fall dient die Rolle nicht mehr unbedingt zur Absorption von Kräften bei der Landung, sondern fügt sich oftmals angenehm in einen Run ein.

© Philipp Holzmüller

10.2.4   Das Antesten

In den meisten Fällen lässt sich ein Sprung nicht schon beim ersten Versuch machen (im Parkour: *committen*; dt.: *trauen, durchziehen*). Angst, technische Unsicherheiten oder ein ungewohntes Umfeld lassen einen Traceur den Sprung vielleicht noch nicht sehen oder fühlen.

In solchen Fällen lohnt es sich, diesen Sprung erst anzutesten. Das bedeutet, dass vorbereitende Maßnahmen und Versuche unternommen werden, die dem Athleten helfen können, die Herausforderung im Laufe eines Prozesses zu meistern. Dabei ist alles erlaubt, was Kopf und Körper bei der Annäherung hilft.

Möglichkeit A: Die Entfernung messen

Um bei der Einschätzung der Entfernung einen Richtwert zu bekommen, messen die Traceure ihre Distanzen in Füßen aus. Diese hat man ja bekanntlich immer dabei und sie sind ein recht konkretes Körpermaß. Ist man sich bei seiner ersten Einschätzung also unsicher, kann das Zählen und Vergleichen von Fußweiten einen ersten Aufschluss über die gegebene Herausforderung bieten.

10

Abb. 80: Schritt für Schritt ergibt sich eine erste Einschätzung der Entfernung.

Möglichkeit B: Vor das Ziel springen

Soll der Sprung nun weiter angegangen werden, kann es helfen, erst einmal mit möglichst wenig Energie und Aufwand vor das Zielhindernis zu springen. Hierbei kann sich das Gefühl entwickeln, wie viel mehr Krafteinsatz vermutlich nötig wäre, um das Hindernis tatsächlich zu erreichen.

Möglichkeit C: Kontakt aufbauen

Wurden erste, grobe Informationen über den Sprung gesammelt, kann damit begonnen werden, einen ersten Kontakt mit dem Hindernis aufzubauen.

Hierbei wird noch nicht unbedingt die Zielkante des Objekts angepeilt, sondern lediglich eine erste Berührung aufgebaut. Dies soll die Hemmschwelle für die späteren Methoden des Antestens senken.

Abb. 81: Traut man es sich, einen ersten Kontakt herzustellen, fällt der Prozess danach meist leichter.

Möglichkeit D: Der Crane

Die erste Möglichkeit für das Landen auf einer Kante ist der sogenannte **Crane** (dt.: *Kranich*). Hierbei landet der Traceur mit einem Fuß auf der Zielkante, während das andere Bein vor dem Hindernis hängt.

Zum Einsatz kommt diese Technik, wenn der Traceur seinen Körperschwerpunkt noch nicht so hochbekommt, als dass er beide Beine an die Kante bringen könnte.

10

Abb. 82: *Der Crane ist zwar eine sichere, für das einzelne Standbein aber auch sehr belastende Technik.*

Möglichkeit E: Der Bounce

Ist der Athlet in der Lage dazu, seinen Körperschwerpunkt schon so hoch zu heben, dass er beide Fußballen gegen die Kante bekommt, der Schwung aber noch nicht zum Sticken reicht, kann er einen sogenannten **Bounce** ausführen (dt.: *Abpraller*). Dabei prallt er kontrolliert von der Kante ab.

Abb. 83: Ein Bounce ist meist der letzte Schritt vor einem erfolgreichen Stick.

Möglichkeit F: Der Splat

Möchte der Traceur hingegen gar nicht auf die Kante springen, sondern sich an diese hängen (z. B. Armsprung), so könnte ihm ein **Splat** helfen. Dabei springt er mit allen vieren gegen die Wand und „tropft" im Anschluss daran sicher wieder von dieser ab. Mit jedem weiteren Versuch kann er nun probieren, sich der Zielkante mit den Händen zu nähern, bis er sich schließlich festhalten kann.

10

Abb. 84: Ein Splat ist eine Art Kontaktaufnahme für höherliegende Hindernisse.

10.3   Bewegungsfeld 3: Überwindungssprünge

Überwindungssprünge (im Parkour: *Vaults*) haben das Ziel, ein Hindernis mit diversen dynamischen (Stütz-)Sprungtechniken effizient zu überqueren. Das bedeutet, dass der Bewegungsfluss erhalten bleiben soll, während möglichst wenig Kraft aufgewandt wird.

Entsprechend dieses Ideals zeichnen sich klassische Vaults also dadurch aus, dass sie in hohem Tempo ausführbar und sehr anpassungsfähig sind. Durch ihre meist flachen Flugkurven und kurzen, eher ziehenden Stützphasen können sie zudem die horizontale Bewegungsenergie eines Anlaufs optimal beibehalten – oder sogar noch maximieren.

Abb. 85: Ein Traceur bei einem Speed Vault

10.3.1   Überwindungssprünge: Ein thematischer Einstieg

Am besten hergeleitet werden kann die Idee der Überwindungssprünge erfahrungsgemäß durch eine induktive und offene Methodik. Ohne an übergeordnete Techniken zu denken, sollten die Teilnehmer erst einmal durch kleine Aufgaben oder Spiele dazu gebracht werden, sich selbst auszuprobieren, gegenseitige Ideen auszutauschen und vielfältige Möglichkeiten zu erkennen, die ihnen zum Überwinden eines Hindernisses gegeben sind.

© Silke Sollfrank

10

VERBRANNT!

© Philipp Holzmüller

Ziel: Ausprobieren und Erfinden verschiedener Bewegungsformen

Aufbau: Verschiedene, etwa hüfthohe Hindernisse (z. B. Kasten quer und längs, Geländer, Barren etc.)

Zusätzliches Material: –

Spieler: 2-8 Teilnehmer (pro Kleingruppe)

Durchführung:

Die Teilnehmer finden sich in Kleingruppen zusammen und verteilen sich an die verschiedenen Hindernisse.

Diese Hindernisse versuchen die Teilnehmer nun, einzeln und nacheinander zu über- oder zu unterqueren. Jede Bewegung, die bereits gezeigt wurde, ist anschließend „verbrannt" und darf nicht mehr wiederholt werden.

Mit der Zeit müssen die Teilnehmer also immer kreativer werden! Vorwärts, rückwärts, Kopf, Bauch, Beine, Po – alles ist erlaubt, solange es sicher ist!

Nach Ablauf einer vorher bestimmten Zeit werden die Hindernisse getauscht.

> **HINWEIS**
>
> **Es sollte geklärt werden, ob die Bewegung gespiegelt – also über die andere Seite – erlaubt ist. Zudem sollten Salti oder andere akrobatische Elemente bewusst ein- oder ausgeschlossen werden.**

Sicherheitsrelevante Hinweise:

Je nach Erfahrungsgrad und Aufbau müssen bestimmte Hindernisse, wie z. B. Stangen, bewusst betreut oder angesprochen werden! Zudem sollte möglichem Frust der Teilnehmer durch Ideenlosigkeit mit gezielten Ideen des Übungsleiters entgegengewirkt werden.

Vorsicht, Sicherheit und Bescheidenheit sollten beachtet werden.

10

A TO B

© *Philipp Holzmüller*

Ziel: Ausprobieren verschiedener Bewegungen zur Entwicklung eines Runs

Aufbau: Beliebige Hindernislandschaft mit ausreichend hüfthohen Objekten

Zusätzliches Material: –

Spieler: 1-5 Teilnehmer (pro Kleingruppe)

Durchführung:

Die Teilnehmer finden sich in Kleingruppen zusammen und verteilen sich anschließend zufällig in der Hindernislandschaft.

Von ihrem Startpunkt aus ist es ihre Aufgabe, einen Run – von A nach B – zu entwickeln. Dieser sollte eine zuvor definierte Mindestanzahl an unterschiedlichen Bewegungen beinhalten.

Am Ende sollte jeder Teilnehmer der Gruppe in der Lage sein, diesen Run auch durchzuführen.

HINWEIS

Ziel dieses Spiels sollte es nicht sein, die gefundenen Runs am Ende zu präsentieren. Bedeutend wichtiger ist es, dass die Teilnehmer jeder Kleingruppe ihre eigenen Ideen einbringen und anfangen, sich über mögliche Bewegungsmuster auszutauschen. Ist ein Teilnehmer der Gruppe möglicherweise noch nicht in der Lage, einen bestimmten Move auszuführen, den die Gruppe einbauen möchte, so sollte sich von der Gruppe Zeit genommen werden, ihm diesen beizubringen.

Sicherheitsrelevante Hinweise:

Da alle Gruppen innerhalb derselben Hindernislandschaft arbeiten, sollten sie sich mit *Vorsicht* bewegen. Die Augen sollten offengehalten und sich stetig mit den anderen Teilnehmern abgesprochen werden!

Vorsicht, Sicherheit, Respekt und Bescheidenheit sollten beachtet werden.

Wurden nun vielfältige Überwindungsmöglichkeiten gesammelt, könnten erste Techniken das Bewegungsrepertoire der Teilnehmer zusätzlich erweitern. Diese werden stets über beide Seiten (bzw. Absprungbeine) trainiert!

10

10.3.2   Der Step Vault

Die für Novizen meist intuitivste und am schnellsten zu erlernende Bewegung ist der sogenannte **Step Vault** (auch: *Speed Step* oder *Liquid*). Dabei nutzt der Traceur einen Arm und ein Bein als Auflagepunkte, um sich flüssig über ein Hindernis zu bewegen.

Ausgangsposition:

- Frontaler Anlauf auf das Hindernis zu

Absprung:

- Einbeiniger Absprung
- Gewichtsverlagerung auf die Seite des Sprungbeins

Flugphase:

- Der Fußballen des Schwungbeins zeigt auf die Hinderniskante.
- Erster Hinderniskontakt mit dem Fußballen, dann mit der gegenüberliegenden Stützhand
- Das Sprungbein wird durch den entstandenen Tunnel hindurch zur Landung geführt.

Landung:

- Einbeinig, auf dem vorherigen Absprungbein
- Die Landung führt direkt in den Lauf.

Häufige Fehler:

- Stützhand vor Fußkontakt (Folge: Rotation um die Stützachse)
- Halbkreisartiger Anlauf (Folge: Rotation um die Stützachse)

Hier gibt's die Bewegung in Aktion:

10

DER STEP VAULT: EINE METHODISCHE REIHE

Ziel: Die Anwendung eines dynamischen Step Vaults

Aufbau: Ein hüfthohes Hindernis (z. B. Turnkasten oder Mauer)

Zusätzliches Material: –

Konditionelle Voraussetzungen: Stützkraft

Technische Voraussetzungen: –

Schritt 1: Tunnel und Eisenbahn

Die Teilnehmer stehen vor dem Hindernis und positionieren ihr Stützbein und den gegenüberliegenden Arm darauf.

Abb. 86: Die Ausgangsposition bildet eine Art „Tunnel" zwischen Stützarm und -bein.

Aus dieser Startposition heraus sollen die Traceure nun ihr Standbein vom Boden aus kontrolliert durch den Tunnel von Stützbein und -arm hindurchführen. Dabei versuchen sie, nicht um den Stützarm herum zu rotieren, sondern die Bewegung möglichst gerade auszuführen.

Ziel ist ein kontrolliertes Stützen und erstes Bewegungsverständnis.

HINWEIS

Bei möglichen Mobilitätsproblemen kann hier auch ein niedrigeres Hindernis genutzt werden.

Schritt 2: Gehen, Step, Gehen

Wurde die Grundbewegung in Schritt 1 verstanden, kann dieser nun ein langsames Angehen hinzugefügt werden.

Hierbei sollen die Teilnehmer erneut auf eine gerade Bewegungsausführung achten, indem sie Stützarm und Bein möglichst gleichzeitig auf dem Hindernis ablegen.

Schritt 3: Dynamik

Funktioniert die Grundbewegung nun auch aus einem vorsichtigen Angehen, kann in einem letzten Schritt das Tempo erhöht werden.

HINWEIS

Je mehr Geschwindigkeit in den Ablauf genommen wird, desto weiter weg vom Hindernis muss der Einsprung sein.

Die Methodik finden Sie hier in Bewegung:

DER STEP VAULT: VARIATIONEN

© Kosta Krunic

Die berühmteste Variation des Step Vaults ist der sogenannte **Speed Vault**. Dieser kommt dann zum Einsatz, sobald besonders viel Tempo (engl.: *speed*) im Spiel ist. Dabei wird das Stützbein auf dem Hindernis weggelassen und sich nur noch mit der Hand über das Objekt gezogen.

Andere Variationen hingegen nehmen den Step Vault als Grundbewegung und fügen ihm kleine Kombinationen hinzu. Als bekannteste koordinatorische Herausforderungen wären dabei der **Seiten-** und **Richtungswechsel** zu nennen.

© Andreas Wöhle

Weiter kann der Step Vault auch als Anschlussbewegung bei einer Landung – anstelle eines Sticks – verwendet werden. In diesem Fall wird er dann aber meist **Speed Step** oder *Liquid* genannt. Ziel wäre hier folglich nicht die zielgenaue Landung, sondern ein dynamisches Überqueren und Weiterlaufen.

Abb. 87: Der Seitenwechsel erfordert eine gute Koordination.

10

VARIATION SEITENWECHSEL

Abb. 88: Der Richtungswechsel ist eine zu Beginn knifflige Bewegungsaufgabe.

VARIATION RICHTUNGSWECHSEL

10.3.3   Der Lazy Vault

Der **Lazy Vault** (auch einfach: *Lazy*) – also die „faule Überwindung" – ist eine Technik für eine Überquerung seitlich von und zum Hindernis. Durch ihre anfängerfreundlichen methodischen Schritte bietet auch sie sich als Bewegung für schnelle Erfolgserlebnisse an.

Ausgangsposition:

- Anlauf diagonal, bis parallel, zum Hindernis

Absprung:

- Der Absprung geschieht einbeinig vom hindernisfernen Bein.
- Das hindernisnahe Bein schwingt zeitgleich nach oben.

Flugphase:

- Die hindernisnahe Hand setzt neben dem Körper auf dem Hindernis auf.
- Die Beine führen eine scherende Bewegung aus.
- Während der sitzartigen Stützposition tauscht die Stützhand hinter dem Rücken.

Landung:

- Einbeinige Landung auf dem ehemaligen Schwungbein
- Die Landung führt direkt in den Lauf.

10

Häufige Fehler:

- Angst vor dem blinden Tauschen der Stützarme hinter dem Körper

Hier gibt's die Bewegung in Aktion:

DER LAZY VAULT: EINE METHODISCHE REIHE

Ziel: Die Anwendung eines kontrollierten Lazy Vaults

Aufbau: Ein hüfthohes Hindernis (z. B. Turnkasten oder Mauer)

Zusätzliches Material: –

Konditionelle Voraussetzungen: Stützkraft

Technische Voraussetzungen: –

Schritt 1: Schwingen, Sitzen, Absteigen

Als ersten Schritt hin zum Lazy Vault sollten die Teilnehmer seine grundsätzliche Mechanik begreifen.

Abb. 89: Aus dieser Startposition kann sich der Zielbewegung langsam genähert werden.

Dazu stellen sie sich seitlich neben das Hindernis und platzieren ihre hindernisnahe Hand möglichst mittig darauf. Ihr Körpergewicht sollte auf dem hindernisfernen, späteren Absprungbein liegen. Ihr hindernisnahes Bein dürfen sie locker nach vorn und hinten schwingen.

Aus dieser Startposition heraus versuchen sie, sich durch ein leichtes Vorschwingen des Schwungbeins sowie ein Stützen der Hand auf dem Hindernis kontrolliert auf das Hindernis zu setzen.

Sitzen die Teilnehmer sicher, sollen sie sich mit der anderen Hand, die zuvor noch keine Aufgabe hatte, wieder vom Hindernis herunterschieben. Sie landen auf dem vorherigen Schwungbein und versuchen, weiterzugehen.

> **HINWEIS**
>
> Die Teilnehmer sollten dafür sensibilisiert werden, dass sie sich nicht von oben auf das Hindernis hinunterfallen lassen, sondern sich eher von der Seite (flach) darauf führen sollten.

Schritt 2: Schwingen, Rutschen, Gehen

Klappt die langsam geführte Bewegung aus Schritt 1 gut, so können die Sportler nun versuchen, die Teilelemente ein wenig flüssiger zu verbinden.

In diesem Fall ist es ihre Aufgabe, das Aufschwingen so zu gestalten, dass sie nicht mehr auf dem Hindernis sitzen bleiben, sondern es so umsetzen, dass sie über dieses hinüberrutschen.

HINWEIS

Während das Rutschen auf Turnkästen gut funktioniert, kann es auf echten Mauern rau werden. Hier könnte das Rutschen dadurch ersetzt werden, dass die Teilnehmer versuchen sollten, nur noch so kurz wie möglich Kontakt mit dem Gesäß auf dem Hindernis zu haben.

10

Schritt 3: Po hoch!

Im letzten Schritt ist es nun nur noch notwendig, dass die Trainierenden den Kontakt mit dem Gesäß lösen und die Bewegung ausschließlich über ihre Stützarme führen.

Dabei muss der Sportler zum Glück nicht enorm weit über dem Hindernis schweben, sondern nur wenige Millimeter. Klappt also das flüssige Rutschen schon gut, dann ist der finale Lazy Vault nur noch 2 mm entfernt!

Abb. 90: Bei einem Lazy Vault schwebt der Körper nur knapp über dem Hindernis.

Die Methodik finden Sie hier in Bewegung:

DER LAZY VAULT: VARIATIONEN

© Philipp Holzmüller

Durch seine klare Führung und sein kontrolliertes Stützen kann der Lazy Vault als Grundlage verschiedener Kombinationen oder Variationen dienen.

Die bekannteste Abwandlung der Grundbewegung ist dabei vermutlich der Lazy Vault mit **getauschtem Absprung- und Schwungbein** (auch: *Thief Vault*). Dies erlaubt einen steileren Anlaufwinkel und kann zudem eine weite und dynamische Landung erzeugen.

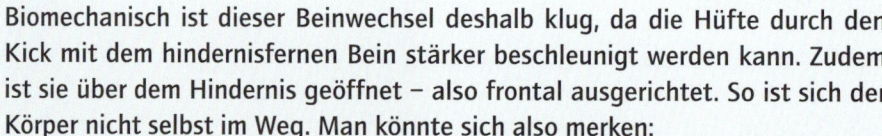

TIPP

Biomechanisch ist dieser Beinwechsel deshalb klug, da die Hüfte durch den Kick mit dem hindernisfernen Bein stärker beschleunigt werden kann. Zudem ist sie über dem Hindernis geöffnet – also frontal ausgerichtet. So ist sich der Körper nicht selbst im Weg. Man könnte sich also merken:

Schwungbein hindernisnah = Bewegung parallel zum Hindernis, eher langsam und geführt → Bewegungskontrolle.

Schwungbein hindernisfern = Bewegung eher diagonal zum Hindernis, schnell und dynamisch → Geschwindigkeit und Weite.

Eine weitere bekannte und beliebte Bewegung ist die sogenannte **Sitzwende** (auch: *Yamakasi-Wende*). Dabei setzt sich der Traceur mit einem Lazy auf ein Hindernis und dreht sich anschließend, durch eine flüssige Scherbewegung der Beine, zurück auf seine Startposition.

© *Dennis Karotsch*

10

10.3.4   Die Katze

Die **Katze** (auch: *Katzensprung, Kong Vault* oder *Monkey Vault*) ist vermutlich die erste Technik, die einem in den Sinn kommt, wenn man an Parkour denkt.

Angelehnt an den Hocksprung aus dem Turnen, hat sich diese Bewegung zum absoluten Nonplusultra der Parkour-Szene entwickelt. Durch ihre Vielfältigkeit, ihre diversen Einsatzmöglichkeiten und ihre generelle Sicherheit – welche die kompakte und frontale Flugposition den Traceuren verspricht – ist sie zu einem Sinnbild der Sportart gereift.

Dennoch, und so ehrlich muss man sein, ist sie für Einsteiger verhältnismäßig komplex zu erlernen. So kommen hier nämlich ein rhythmisierter Anlauf, eine hoch technische Grundbewegung und viele mögliche mentale Barrieren zusammen. Nichtsdestotrotz ist sie die Nummer eins unter den vermittelten Bewegungen im Parkour!

Ausgangsposition:

- Frontaler Anlauf auf das Hindernis zu

Absprung:

- Split Foot: Einbeiniger Absprung in einen schnellen Doppelkontakt
- Armkreis parallel zum Split Foot

Flugphase:

- Die Hände werden aus dem Armkreis heraus flach von vorn auf das Hindernis geführt.
- Die Hüfte hebt sich, während sich die Beine unter ihr anhocken.
- Die Hände stützen schulterbreit und ziehen (!) den Körper über das Hindernis.
- Die kompakte Flugposition wird kurz beibehalten, ehe sie zur Landung aufgelöst wird.

Landung:

- Die Landung geht direkt in einen flüssigen Lauf über.

Häufige Fehler:

- Falscher Anlaufrhythmus beim Split Foot
- Beidbeiniger Prellabsprung
- Zu langes Stützen der Hände (anstelle eines dynamischen Ziehens)
- Führen der Hände von oben auf das Hindernis – ohne Armkreis (im Parkour: *Zombie*)
- Zu starke Vorlage
- Angst (z. B. vor dem Hängenbleiben am Hindernis)

Hier gibt's die Bewegung in Aktion:

DIE KATZE: EINE METHODISCHE REIHE

HINWEIS

Häufig wird die Katze mit Materialhilfen – wie Kastengassen oder Mattenbergen – vermittelt, um den Teilnehmern die Angst vor der Kante des Hindernisses zu nehmen. Da sich in der Praxis aber leider zu viele Teilnehmer davon abhängig machen und die Katze ohne derartige Hilfestellungen gar nicht mehr ausführen können oder wollen, sieht diese methodische Aufarbeitung nun gänzlich davon ab. Sollten Teilnehmer sich also unwohl oder ängstlich fühlen, sollten sie eher an ihren konditionellen und technischen Voraussetzungen arbeiten sowie die ersten Schritte dieser Methodik so oft wiederholen, bis sie sich bereit fühlen. Nicht jeder muss gezwungen werden, die finale Bewegung sofort zu erlernen!

Ziel: Die Anwendung einer kontrollierten und dynamischen Katze

Aufbau: Hüfthohes Hindernis (z. B. Turnkasten oder Mauer), gegebenenfalls Turnmatten

Zusätzliches Material: Markierungen (z. B. Seile, Linien, Hütchen o. Ä.)

Konditionelle Voraussetzungen: Stützkraft; Hüftmobilität; Rhythmisierungsfähigkeit

Technische Voraussetzungen: –

Schritt 1: Bodenkatze

Zu Beginn können die Teilnehmer erste Erfahrungen mit der Grundbewegung der Katze sammeln, indem sie versuchen, kleine Stützsprünge auf dem Boden auszuführen.

Abb. 91: Die Katzen-Bewegung fällt Anfängern auf dem Boden meist sehr leicht.

10

HINWEIS

Der Fokus sollte auf einen flachen Sprung nach vorn gelegt werden, um den Aufprall auf die Handgelenke zu minimieren!

Schritt 2: Po hoch!

Abb. 92: Diese Vorübung schafft die Grundlage für die spätere Zielbewegung.

Den ersten Schritt der spezifischen Methodik stellt die Gewöhnung an die Bewegung der Katze am Hindernis dar. Zudem wird geprüft, ob die konditionellen Voraussetzungen gegeben sind.

Hierzu stellen sich die Teilnehmer in einer leichten Schrittposition vor das Hindernis (um sich von Beginn an auf den Split-Foot vorzubereiten) und setzen ihre Arme etwa schulterbreit darauf auf. Von dort aus sollen sie in eine gestützte Hocke springen, ehe sie leise und kontrolliert wieder landen.

Schritt 3: Kontakt aufbauen

Funktioniert die gestützte Hocke gut, können die Teilnehmer nun damit beginnen, vorsichtigen Kontakt mit dem Hindernis aufzubauen. Dazu sollen sie versuchen, am höchsten Punkt der Hocke mit einem Fuß gegen die Kante des Hindernisses zu tippen.

HINWEIS

Das Tippen sollte frontal vor dem Körper geschehen und nicht zur Seite hin ausgewichen werden!

Schritt 4: Aufhocken

Fühlen sich die Teilnehmer bis hierher sicher, dürfen sie nun versuchen, aus der Schrittstellung aus dem Stand auf das Hindernis aufzuhocken.

Abb. 93: Das Aufhocken schafft Vertrauen, dass das Hindernis auch überwunden werden kann.

HINWEIS

Die Teilnehmer sollten niemals die Knie auf dem Hindernis ablegen! Einmal damit angefangen, wird es nämlich schwer, sich das wieder abzugewöhnen. Und draußen tut das weh!

10

Schritt 5: Der Split-Foot

Nachdem mit dem Aufhocken die erste Teilbewegung erlernt worden ist, wird der Split-Foot aus dem Anlauf thematisiert.

Der Split-Foot-Absprung ist ein Rhythmus, bestehend aus drei Bodenkontakten. Dabei dient der erste Kontakt als flacher, weiter Einsprung nach vorn, an welchen Kontakt 2 und 3 angeschlossen werden. Diese werden schnell und explosiv hintereinandergeschaltet. Auf diese Art und Weise kann der Körper extrem viel Kraft und Dynamik aus dem Anlauf heraus in die Bewegung hinein übertragen.

Geübt und vermittelt werden kann der Rhythmus des Split-Foots mithilfe verbaler und visueller Führungen. Dazu können Wörter (z. B. Ams-ter-dam; jede Silbe ein Bodenkontakt) oder Markierungen (z. B. Linien oder Hütchen) genutzt werden.

Aus einem moderaten Anlauf heraus sollen die Sportler nun also versuchen, sich den richtigen Rhythmus einzuprägen, bis sie ihn irgendwann ohne die Markierungen ausführen können. Am Ende des Split-Foots steht dabei ein Strecksprung nach oben.

Abb. 94: Der Split-Foot fordert auch ohne Katze schon die Rhythmisierungsfähigkeit der Sportler.

> **HINWEIS**
>
> Die Teilnehmer sollten sich nur zu Beginn auf die Marker konzentrieren, sich schnell aber auch wieder von diesen lösen. Ansonsten bleibt ihr Fokus später zu stark an ihnen haften, anstatt dass sich auf die Zielbewegung im Ganzen konzentriert wird!

Schritt 6-8: Der Split-Foot plus Hindernis

Ist der Split-Foot-Rhythmus internalisiert worden, kann auch das Hindernis wieder hinzugenommen werden. Dazu sollten die Schritte 2 bis 4 wiederholt und durch einen Anlauf und Split-Foot-Absprung ergänzt werden.

Schritt 9: Ziehen!

Der finale Aspekt einer erfolgreichen Katze ist nun das tatsächliche Überwinden des Hindernisses. Dazu muss das bisherige Aufstützen durch ein dynamisches Ziehen ersetzt werden. Die Bewegungsenergie sollte nämlich nicht senkrecht in das Hindernis hinein versenkt, sondern horizontal darüber hinweg geführt werden. Entsprechend sollten die Teilnehmer nun versuchen, eine dynamische Katze einzuleiten und das Hindernis bewusst unter sich wegzuziehen.

> **HINWEIS**
>
> Der bewusste Fokus auf ein Ziehen kann bei manchen Teilnehmern zur Übertreibung und Körpervorlage führen!

Differenzierung:

Ist die finale Katze doch noch ein Schritt zu weit entfernt, kann ein zusätzlicher methodischer Schritt eingebaut werden. Hierbei wird ein langes Hindernis genutzt (z. B. die lange Seite des Kastens oder eine ebene Fläche).

Die Aufgabe der Teilnehmer ist es dabei, die Katze so auszuführen, dass sie durch eine kleine Flugphase in einer gehockten Position hinter dem Kontaktpunkt der Hände landen.

Diese Übung soll den Teilnehmern das Gefühl vermitteln, durch die Katze genug Entfernung generieren zu können, um auch ein gewöhnliches Hindernis sicher überqueren zu können.

Abb. 95: Die Katze auf eine verlängerte Landefläche kann möglicherweise helfen.

HINWEIS

Die Hände sollten sich im Laufe der Bewegung lösen, sodass die Teilnehmer am Ende nicht in Rücklage auf dem Objekt sitzen!

Die Methodik finden Sie hier in Bewegung:

DIE KATZE: VARIATIONEN

Die Katze ist eine der wohl vielfältigsten Bewegungen im Parkour-Sport. Durch ihren frontal ausgerichteten und sehr stabilen Charakter eignet sie sich nämlich hervorragend aus diversen Ausgangslagen und für verschiedenste Bewegungsherausforderungen. So kann sie nicht nur über Hindernisse aller Art, wie Mauern, Stangen oder sogar Seile, gemacht werden, sondern auch über gerade oder schräge Flächen.

© Philipp Holzmüller

10

Weiter kann eine dynamische Katze extrem viel Energie aus dem Anlauf in den Sprung übertragen, während die Flugphase stets gut kontrollierbar bleibt. Daher wird sie extrem oft als Auftaktbewegung genutzt, um nach ihr auf oder an anderen Hindernissen zu landen (z. B. **Katze Pre**).

© Philipp Holzmüller

© *Philipp Holzmüller*

Ebenfalls möglich ist es, in eine Katze hineinzuhechten. Dabei stützen die Hände erst am Ende der Flugphase auf. So können beispielsweise Hindernisse schon in der Flugphase überquert werden – bevor die eigentliche Überwindung passiert. Dies wird dann **Flugkatze** (auch: *Dive Kong*) genannt.

Eine Kombination aus beidem – Stützen am Anfang und Ende der Flugphase – ist ebenfalls möglich. Dies nennt sich **Doppelkatze** (auch: *Double Kong*).

© *Philipp Holzmüller*

10.3.5 Weitere Überwindungssprünge

Weitere Klassiker der Überwindungssprünge finden Sie via QR-Code-Scans hier:

DER DASH

Füße voran und stützen hinter dem Rücken. Für viele Novizen zu Beginn noch gruselig, entwickelt sich der **Dash** durch seine flüssige Dynamik schnell zum Lieblingssprung vieler Traceure.

© Philipp Holzmüller

DER DASH

© Richard Bielau

DER REVERSE

Mit einer Drehung führt der **Reverse** den Athleten über das Hindernis. Optisch elegant und technisch herausfordernd, zugleich aber sicher und spaßig.

DER REVERSE

© Philipp Holzmüller

DER DEMI-TOUR

Der **Demi-Tour** wird genutzt, um sich mit einer halben Drehung sicher auf die andere Seite eines Hindernisses zu bewegen. Dies ist besonders in der Höhe hilfreich!

DER DEMI-TOUR

PALMSPIN

Die Weiterführung des Demi-Tours – der **Palmspin** – bringt den Traceur hingegen wieder dahin zurück, von wo er gekommen ist. Das ist nicht nur praktisch für Kombinationen, sondern kann sogar die Experten unter den Teilnehmern noch mal so richtig herausfordern!

DER PALMSPIN

© Dennis Karotsch

10.3.6 Kombinationen und Flow

Im Parkour geht es neben einzelnen Bewegungen oftmals eher um Runs und Kombinationen. Techniken und Moves werden dabei zu einer Art Choreografie verknüpft, in welcher verschiedene Herausforderungen gemeistert und Hindernisse überwunden werden oder sich selbst Ausdruck verliehen wird. Nicht selten ist dabei dann der optimale **Flow** (dt.: *Bewegungsfluss*) das finale Ziel der Traceure.

Der Flow im Parkour zeichnet sich durch eine direkte und sinnhafte Überführung bestimmter Bewegungselemente in das jeweils nachfolgende aus. So entsteht eine leichtfüßige und effiziente Bewegungsästhetik. Biomechanisch beschrieben, müssen vom Traceur also Kraftrichtungen, Teilimpulse und der Körperschwerpunkt so geführt und verknüpft werden, dass sie sich unmittelbar ineinander kombinieren lassen.

Dazu anzumerken ist jedoch, dass ein guter Flow nicht mit Geschwindigkeit gleichzusetzen ist. Er beschreibt nämlich lediglich eine einheitliche oder rhythmisch fließende Kombination von Bewegungen – ungeachtet ihres Tempos!

Traceure beschreiben ihn dann als ein Gefühl der Leichtfüßigkeit – gar der Schwerelosigkeit –, in der sie nahezu automatisch über die Hindernisse getragen werden. Sie werden eins mit ihrer Umgebung.

Auch Anfänger und Kursteilnehmer sollten diese Erfahrungen machen dürfen. Entsprechend sind die folgenden Spiele speziell darauf ausgelegt, Kombinationen zu entwickelt und einen stimmigen Flow zu erarbeiten.

© Thalis Weizmann

KOFFERPACKEN

© Richard Bielau

Ziel: Die Teilnehmer sollen in Kleingruppen einen Run entwickeln und perfektionieren.

Aufbau: Hindernislandschaft

Zusätzliches Material: –

Spieler: 2-8 Teilnehmer (pro Kleingruppe)

Durchführung:

Die Teilnehmer werden in Kleingruppen eingeteilt.

Innerhalb dieser Gruppe darf nun ein erster Athlet eine beliebige Bewegung vormachen. Der zweite Teilnehmer in der Reihe kopiert diese und fügt ihr eine weitere, sinnvolle Bewegung hinzu. Der dritte nimmt nun diese beiden und addiert eine weitere.

Dieser Ablauf wird so oft wiederholt, bis entweder ein sinnvolles Ende des Runs oder eine vorher definierte Anzahl an Bewegungen erreicht worden ist.

Ist der grobe Run vollendet, so sollen die Teilnehmer ihn nun so lange wiederholen, üben und anpassen, bis er zu einem wirklich flowigen und intuitiven Ablauf gereift ist.

Differenzierungen:

- **Handicap:** Die gesamte Gruppe oder einzelne Teilnehmer definieren ein Handicap. Sie können z. B. nur einen Arm nutzen.
- **Minimalismus:** Um sich einen minimalistischen Spot zu erschließen, kann das Spiel auch auf nur ein Hindernis reduziert werden. Jetzt wird die Kreativität gefordert!

Sicherheitsrelevante Hinweise:

Bei mehreren Gruppen innerhalb einer Hindernislandschaft müssen Laufwege abgesprochen und Kollisionen vermieden werden.

Vorsicht, Sicherheit, Respekt und Bescheidenheit sollten beachtet werden.

10

A TO BE WATER!

© Philipp Holzmüller

Ziel: Die Teilnehmer sollen einen effizienten Run entwickeln und perfektionieren.

Aufbau: Hindernislandschaft

Zusätzliches Material: –

Spieler: Beliebig

Durchführung:

Die Teilnehmer sollen sich eine Route von A nach B – in Form einer Luftlinie – durch die Hindernisse suchen.

Anschließend haben sie Zeit, sich passende Bewegungen auszuwählen, mit denen sie diese Strecke überqueren möchten. Dabei sollten sie auf eine sinnvolle Aneinanderreihung achten, sodass ein Bewegungsflow entstehen kann.

Diesen Run sollen die Athleten nun so lange wiederholen, üben und anpassen, bis er zu einem flowigen, effizienten und intuitiven Ablauf gereift ist.

Differenzierungen:

- **Handicap:** Die gesamte Gruppe oder einzelne Teilnehmer definieren ein Handicap. Sie können z. B. nur einen Arm nutzen.
- **Begrenzung:** Begrenzungen, wie maximale Hindernis- oder Bodenkontakte, können eingeführt werden, um einen gewissen Zwang gegen überflüssige Tippelschritte oder Stützphasen zu erzeugen.

Sicherheitsrelevante Hinweise:

Bei mehreren Gruppen innerhalb einer Hindernislandschaft müssen Laufwege abgesprochen und Kollisionen vermieden werden.

Zudem sollte das Tempo innerhalb eines Runs nur progressiv gesteigert werden.

Vorsicht, Sicherheit und Bescheidenheit sollten beachtet werden.

10

10.3.7 Weitere Spiele und Herausforderungen

Die Liste an möglichen Spielformen oder Herausforderungen zur Erstellung von Runs und Kombinationen ist nahezu endlos und kann stets kreativ ergänzt werden. Einzelne, weiterführende Ideen können Sie aber hier per QR-Code-Scan finden und einsehen:

© Dennis Karotsch

ZAHLENLAUF

Verschiedene Hindernisse innerhalb eines Spots werden mit Zahlen markiert. Anhand dieser Zahlen müssen die Teilnehmer nun einen Run entwickeln.

ZAHLENLAUF

ZAHLENLAUF 2.0: SPEED!

Auch hier werden verschiedene Hindernisse innerhalb eines Spots mit Zahlen markiert. Als Reaktionsspiel bekommen die Teilnehmer nun aber die Aufgabe, die ihnen genannte Zahl so schnell und sicher wie möglich zu erreichen, indem sie sich über die Hindernislandschaft bewegen.

ZAHLEN-
LAUF 2.0: SPEED!

© Dennis Karotsch

EIN HINDERNIS, 10 BEWEGUNGEN

Inspiriert vom klassischen Flowtraining der Traceure, bekommen die Teilnehmer die Aufgabe, an nur einem Hindernis eine flowige Kombination aus bis zu 10 Bewegungen zu erfinden.

© Dennis Karotsch

10

EIN HINDERNIS, 10 BEWEGUNGEN

© Dennis Karotsch

AUS LANGSAM MACHE SCHNELL

Ein Run wird in Slow Motion erarbeitet, bis schließlich eine schnelle Kombination daraus wird.

AUS LANGSAM MACHE SCHNELL

10.4   Bewegungsfeld 4: An der Wand

Neben einfachen Mauern spielen auch Wände und Fassaden eine bedeutende Rolle im Parkour-Sport. Es ist einerlei, ob man an ihnen hängen bleiben, daran „hochlaufen" oder sich von ihnen abstoßen möchte. Sie bieten vielfältige Möglichkeiten, die einen Traceur zur Bewegung einladen!

10.4.1   Der Armsprung

Die grundlegende Fertigkeit im Umgang mit Mauern und Mauerkanten bietet dabei die Landetechnik des **Armsprungs** (auch: *Cat Leap* oder *Armjump*). Dabei springt ein Traceur in einen kontrollierten Hang.

> **HINWEIS**
>
> Der Hang – die sogenannte *Armsprungposition* – dient als notwendiges Wissen für spätere Bewegungen und als grundlegender Rettungsmechanismus für das Training an hohen Mauern.

Ausgangsposition:

- Der Traceur fliegt, aus einer beliebigen Bewegung kommend, auf ein Hindernis zu.

Flugphase:

- Die Arme und Beine sind in Richtung Hindernis gestreckt.
- Die Hände und der Blick peilen die obere Kante an.

Landung:

- Die Fußballen treffen etwas unter der oberen Kante gegen das Hindernis.
- Die Füße beginnen, kontrolliert nach unten zu rutschen.
- Die Hände haken sich in die obere Kante ein.

Endposition:

- Ein Hang an lang ausgestreckten Armen
- Gebeugte, hockartige Position der Beine vor und neben der Brust
- Leichte Schrittstellung der Füße für das spätere Hochziehen (genannt: *Climb-up*)

10

Häufige Fehler:

- Die Arme greifen zuerst zum Hindernis (Folge: gefährliche Vorlage).
- Die Knie landen vor der Brust (Folge: Durchschlagen der Knie gegen die Rippen).
- Das Hängen mit gebeugten Armen

Hier gibt's die Bewegung in Aktion:

HINWEIS

Da ein Traceur nicht einfach nur in der Armsprungposition hängen, sondern vermutlich auf das Hindernis hinauf möchte, muss er sich daran hochziehen können. Dieses finale Hochziehen wird *Climb-up* genannt.

DER CLIMB-UP

Wie genau das funktioniert und welche weiteren Möglichkeiten sich aus einem guten Climb-up noch ergeben können, erfahren Sie hier:

DER ARMSPRUNG: EINE METHODISCHE REIHE

Ziel: Ein sicherer Armsprung

Aufbau: Eine Wand zum Hängen

Zusätzliches Material: Gebenenfalls Markierungen (Tape, Hütchen o. Ä.)

Konditionelle Voraussetzungen: Griffkraft; Hangkraft; Rumpfspannung

Technische Voraussetzungen: Vier-Punkt-Landung; Hängen jeglicher Art

Schritt 1: Splat!

Zu Beginn sollten die Teilnehmer die Angst davor verlieren, gegen eine Wand zu springen. Dazu sollen sie versuchen, aus einer geringen Distanz vorsichtig mit Händen und Füßen an ihr zu landen, ehe sie sich kontrolliert wieder von ihr abtropfen lassen.

Abb. 96: Die Teilnehmer üben erst mal also einen Splat, um sich an die neue Landesituation zu gewöhnen.

HINWEIS

Es sollte auf ein mindestens gleichzeitiges Aufprallen der Hände und Füße an der Wand geachtet werden! Die Hände sind niemals zuerst am Hindernis.

Schritt 2: Die Armsprungposition

Nachdem die Teilnehmer erste Erfahrungen mit Sprüngen gegen eine Wand gemacht haben, folgt die Armsprungposition.

Hierzu sollen die Traceure erst einmal selbstständig versuchen, eine Position zu finden, in der sie sicher an der Mauerkante hängen bleiben.

Haben sie verschiedene Wege gefunden, kann aus diesen nun die gewünschte Armsprungposition hergeleitet werden.

Abb. 97: Besonders wichtig sind bei der Armsprungposition die langen Arme.

10

Schritt 3: Die Zielbewegung

Wurde die Armsprungposition schließlich verinnerlicht, dürfen die Teilnehmer nun versuchen, aus geringen Distanzen in diese hineinzuspringen.

IDEE

Spielen Sie gerne mit Entfernungen, Einsprunghöhen, Absprungwinkeln (usw.). So kann die variable Verfügbarkeit direkt mit angesprochen und zudem für mehr Spaß und Herausforderung gesorgt werden!

HINWEIS

Nach einem Armsprung sollten die Teilnehmer möglichst immer auch den Climb-up probieren. So wird das Bewegungsmuster direkt mit integriert und die notwendige Kraftfähigkeit schneller erlangt.

DER ARMSPRUNG: VARIATIONEN

© Matthias Voß

Da der Armsprung eine Landetechnik ist, kann ihm nahezu jede andere Bewegung vorausgehen. Ob ein Überwindungssprung – wie Katze oder Step Vault – Sprungvarianten – wie Runnings, Plyos oder 360°-Drehungen – oder schwingende Elemente: Alles ist denkbar!

Ebenfalls möglich ist es aber auch, einen Armsprung an schmalen Objekten zu landen, wie an senkrechten Stangen, Baumstämmen oder Pfeilern (genannt: **Pole Cat** oder *Polio*). Hierbei dreht sich der Traceur etwas ein, um im Falle eines Abrutschens nicht unangenehm mit dem Schritt gegen das Hindernis zu prallen.

© Dennis Karotsch

Seltener hingegen ist der sogenannte **Pounce Armsprung**. Dabei liegt die zu greifende Kante so hoch, dass man nicht direkt an sie heranspringen kann.

Zur Lösung dieses Problems versucht der Traceur, mit den Füßen so gegen die Wand zu prallen, dass er die Sprungenergie in einen vertikalen Impuls umlenken kann. Dabei streckt er sich nach dem Mauerkontakt so lang er kann und versucht, die Kante mit der Hand zu erreichen.

© Dennis Karotsch

© Philipp Holzmüller

Steht jedoch keine obere Kante zur Verfügung, kann der Athlet auch seitliche Kanten, kleine Spalten oder Ähnliches nutzen, um an einer gewünschten Fläche hängen zu bleiben. Grundsätzlich gilt also, überall, wo man hängen kann, kann man einen Armsprung machen!

10.4.2 Der Wallrun

Die wohl bekannteste Technik an der Wand ist der sogenannte **Wallrun**. Dabei überwindet ein Traceur eine teils meterhohe Mauer, indem er sich mit nur einem Schritt an ihr nach oben katapultiert, ihre Kante greift und sich anschließend an ihr hochzieht.

Ausgangsposition:

- Frontaler Anlauf in Richtung Wand

Absprung:

- Einbeiniger Einsprung vom Boden in Richtung Wand
- Flüssiges Führen des Schwungbeins zur Wand hin
- Senkrechter Wandabdruck vom Fußballen

Flugphase:

- Die Hand auf der Seite des Fußes mit Wandkontakt greift zur oberen Kante.
- Ganzkörperstreckung

Landung:

- Einhaken der Hand an der oberen Mauerkante
- Nachgreifen der zweiten Hand
- Korrektur in die Armsprungposition, um mit dem Climb-up beginnen zu können

10

Häufige Fehler:

- Ungünstige Winkel und Höhe beim Wandabdruck (Folge: Abrutschen oder Wegdrücken)
- Mehrere Schritte an der Wand (Folge: Wegdrücken)
- Angst, mit Tempo auf eine Wand zuzulaufen
- Greifen mit der Hand der falschen Seite

Hier gibt's die Bewegung in Aktion:

DER WALLRUN: EINE METHODISCHE REIHE

Ziel: Ein dynamischer, angstfreier Wallrun

Aufbau: Eine Wand (deutlich) über Körperhöhe

Zusätzliches Material: Gegebenenfalls Tape oder Kreide

Konditionelle Voraussetzungen: Griffkraft; Hangkraft; Beinkraft

Technische Voraussetzungen: Armsprungposition; Landetechniken

Schritt 1: Eine besondere Verbindung

Um die Teilnehmer darauf vorzubereiten, später mit Tempo auf eine Wand zuzu-laufen sowie erste Entfernungseinschätzungen dazu vorzunehmen, bietet sich ein kleines Vertrauensspiel an.

Phase 1:

Die Teilnehmer sollen sich wenige Zentimeter vor die Wand stellen und mit offenen Augen ein paar Schritte rückwärtsgehen. Nach der von ihnen definierten Anzahl an Schritten schließen sie die Augen und versuchen, wieder dort anzukommen, wo sie gestartet sind: nah vor der Mauer.

Abb. 98: Zuerst noch etwas gruselig, entwickelt dieses Spiel schnell einen sehr hohen Spaß-faktor!

Phase 2:

Die Aufgabenstellung bleibt die Gleiche, nur schließen die Teilnehmer die Augen nun schon beim Weg von der Wand weg.

Phase 3:

Die Teilnehmer starten nun direkt mit einer gewissen Entfernung zur Wand. Von dort aus bleibt die Aufgabe erneut identisch.

IDEE

Gefällt den Sportlern die Herausforderung, so können auch Ecken und Kurven in den Weg zur Wand mit eingebaut werden.

HINWEIS

Um eine Kollision mit der Wand zu vermeiden, können die Teilnehmer auch in Pärchen eingeteilt werden. So kann jeweils einer der beiden Partner den anderen begleiten und im Notfall eingreifen.

10

Schritt 2: Weniger ist mehr

Nach der ersten spielerischen Wandgewöhnung soll nun auch der erste Kontakt hergestellt werden.

Dazu sollen die Teilnehmer aus nur zwei Schritten Anlauf versuchen, einen möglichst hohen Punkt an der Wand mit den Fingern zu berühren.

Fühlen sie sich wohl, können sie den Anlauf nun Stück für Stück erweitern.

Schritt 3: Zielbewegung

Die finale Zielbewegung darf nun ausprobiert werden.

Wenn möglich und erlaubt, sollte der Climb-up zudem an das Ende des Ablaufs angehängt und die Bewegung auf der Mauer beendet werden.

DER WALLRUN: VARIATIONEN

Der Wallrun kann durch verschiedene Elemente variiert werden. Zum Beispiel durch eine 360°-Drehung zwischen Wandabdruck und Kantengriff (genannt **360-Wallrun**).

Die relevantesten Anpassungen der Technik ergeben sich jedoch aus der Höhe der Zielmauer. Ist nämlich das Erreichen der oberen Mauerkante für den Sportler kein Problem, so kann er auch direkt mit beiden Armen nach dieser greifen.

© Philipp Holzmüller

10

© Georgij Sosunov

Hat er bei dieser Variante sogar noch genug Schwung nach oben übrig, so kann er aus dem Wallrun sogar sofort auf der Mauer aufhocken. Das wird dann **Wall-Pop** genannt.

Ist auch der Wall-Pop leicht für den Traceur, so kann er mit dem Wallrun sogar eine Rolle auf dem Hindernis einleiten (genannt: **Pop-Roll**) oder dieses mit z. B. einer Katze direkt überwinden **(Pop-Kong)**.

10.4.3   Der Tic-Tac

Ein Traceur kann eine Mauer aber nicht nur zum Hochklettern oder Hängen nutzen, sondern sich auch von ihr abstoßen. Diese Techniken, welche eine Mauer als Absprunghilfe nutzen, werden – bis auf weniger Ausnahmen – **Tic-Tac** genannt.

Unterschieden werden Tic-Tacs danach, wie viele Schritte die Traceure an der Wand machen. Während bei nur einem Schritt nämlich vor allem Hindernisse aus diagonalem Winkel anvisiert werden, führen zwei frontale Schritte zu einer eher hohen Flugkurve, die sich besser für der Mauer gegenüberliegende Hindernisse eignet.

Im Folgenden werden beide Möglichkeiten vorgestellt und hergeleitet.

DER TIC-TAC MIT EINEM KONTAKT

Anwendungsbereich:

Diagonale, eher weite Sprünge, bei denen die Mauer als Absprunghilfe dienen kann.

Ausgangsposition:

- Etwa diagonaler Anlauf in Richtung Wand (ca. 45°)

Absprung:

- Absprung vom Boden mit dem hindernisfernen Bein (nach diagonal vorne oben)
- Heben der Brust
- Wandkontakt mit dem Fußballen des hindernisnahen Beins
- Wandabdruck diagonal nach oben, von der Mauer weg
- Schwungvolles Führen der Arme in Bewegungsrichtung

Flugphase:

- Einnehmen der für die gewählte Landeart notwendigen Körperposition

Häufige Fehler:

10

- Unklug gewählter Anlaufwinkel (Folge: suboptimaler Ausgangswinkel)
- Reines Abdrücken von der Wand (Folge: keine Steigung nach dem Wandabdruck)

Hier gibt's die Bewegung in Aktion:

DER TIC-TAC MIT EINEM KONTAKT: EINE METHODISCHE REIHE

Die Technik des einbeinigen Tic-Tacs ist extrem intuitiv. Lediglich der richtige Winkel, bei welchem genug Druck und Grip an der Wand entsteht, muss von den Teilnehmern durch verschiedene Versuche ausgetestet werden. Aus diesem Grund bietet sich beim einbeinigen Tic-Tac eine eher ganzheitliche, induktive Methode an, bei welcher die Teilnehmer durch verschiedene Herausforderungen selbst die für sie richtigen Parameter herausfinden.

Ziel: Ein dynamischer Tic-Tac mit einem Kontakt an der Wand

Aufbau: Eine Wand (o. Ä.); gegebenenfalls zusätzliche Landeflächen

Zusätzliches Material: Markierungen (Tape, Linien o. Ä.); gegebenenfalls Seile (o. Ä.)

Konditionelle Voraussetzungen: Beinkraft; Rumpfspannung

Technische Voraussetzungen: Running Pre; Landetechniken

Schritt 1: Zielbewegung durch Herausforderung

Die Teilnehmer suchen oder markieren sich selbst verschiedene Absprung- und Landepunkte.

Abb. 99: Stöcke, Linien oder Hindernisse: Die Teilnehmer suchen sich ihre Herausforderungen selbst.

Anschließend ist es ihre Aufgabe, herauszufinden, wann ein einbeiniger Tic-Tac gut funktioniert und wann eher nicht.

In der Reflexion könnte herausgestellt werden, dass ein einbeiniger Tic-Tac grundsätzlich einen etwa *90°* großen Winkel darstellt, bei dem die rechtwinklige Ecke der Kontakt an der Wand ist. Diese Information kann den Teilnehmern bei der Bewegungsvorstellung helfen.

Des Weiteren sollte festgestellt worden sein, dass der Wandkontakt möglichst flüssig und dynamisch aus dem Anlauf heraus eingeleitet werden muss, damit maximal viel Energie auch in den Sprung hinein übertragen werden kann. Vor allem wichtig ist dafür, dass ein Traceur sich nicht einfach von der Wand wegdrückt, sondern seine Flugphase durch diesen Kontakt erst einleitet! Er sollte die Mauer also zur Steigerung seiner Flugkurve nutzen und seinen Körper damit weiter anheben, anstatt nach dem Kontakt nur noch herunterzufallen.

IDEE
10

Um das Heben des Körpers nach dem Wandkontakt zu verdeutlichen und zu erzwingen, können zwei weitere Teilnehmer ein Sprungseil halten, welches der Athlet nach seinem Wandabdruck überqueren muss. Dabei ist auch auf eine sichere Landung zu achten.

DER TIC-TAC MIT ZWEI KONTAKTEN

Anwendungsbereich:

Absprunghilfe für ein der Mauer eher gegenüberliegendes Hindernis

Ausgangsposition:

- Frontaler bis minimal diagonaler Anlauf in Richtung Wand

Absprung:

- Einbeiniger Einsprung vom Boden in Richtung Wand
- Flüssiges Führen des Schwungbeins zur Wand hin
- Senkrechter Wandabdruck vom Fußballen
- Führen des ehemaligen Absprungbeins zur Wand
- Stabilisation durch die Arme an der Wand
- Abdruck vom Fußballen dieses Beins von der Wand weg nach oben
- Der Blick wird von der Wand zur Landefläche hin gerichtet.
- Öffnen der Hüfte

Flugphase:

- 180°-Rotation zum Landehindernis hin
- Einnehmen der für die gewählte Landeart notwendigen Körperposition

Häufige Fehler:

- Ungünstige Winkel und Höhe beim Wandabdruck (Folge: Abrutschen oder Wegdrücken)
- Zu frühes Aufdrehen zur Landefläche
- Reines Abdrücken von der Wand (Folge: keine Steigung nach dem Wandabdruck)
- Angst, mit Tempo auf eine Wand zuzulaufen und die Landung lange nicht zu sehen.

Hier gibt's die Bewegung in Aktion:

DER TIC-TAC MIT ZWEI KONTAKTEN: EINE METHODISCHE REIHE

Ziel: Ein dynamischer, vertikaler Tic-Tac mit zwei Kontakten an der Wand

Aufbau: Eine Wand (o. Ä.); gegebenenfalls zusätzliche Landeflächen

Zusätzliches Material: Markierungen (Tape, Linien o. Ä.); gegebenenfalls Seile (o. Ä.)

Konditionelle Voraussetzungen: Beinkraft; Rumpfspannung

Technische Voraussetzungen: Wallrun; Landetechniken

Schritt 1: Wallrun plus!

Ein Tic-Tac mit zwei Kontakten lässt sich hervorragend aus einem Wallrun heraus ableiten, da etwa die Hälfte der Bewegung absolut identisch ist.

Wird ein Wallrun also beherrscht, sollten die Teilnehmer nun versuchen, sich mit einem zusätzlichen Schritt (nach oben) von der Wand wegzudrücken.

HINWEIS

Trotz des neuen Ziels, sich von der Wand abzudrücken, sollte darauf geachtet werden, dass sie dies nicht zu früh tun! Im Zweifel kann ein Signal oder eine Materialhilfe ihnen helfen, das richtige Timing zu verstehen.

Abb. 100: Eine einfache Jacke könnte als Hilfe dienen, um den Wandabdruck zu verbessern.

Durch die große Höhe, aus der sie aber wieder landen müssen, sollten sie jedoch mindestens eine Vier-Punkt-Landung, wenn nicht sogar eine Rolle ausführen. Diese Techniken könnten also wunderbar parallel mittrainiert werden!

Schritt 2: Zielbewegung

Wurde die grundsätzliche Bewegung verinnerlicht, dürfen sich die Traceure nun eigene Herausforderungen mit der neuen Technik suchen. Dabei sollten sie verschiedene Landearten (z. B. Präzisionslandung oder Armsprung) oder Entfernungen eigenständig ausprobieren!

10

DER TIC-TAC: VARIATIONEN

© Philipp Holzmüller

Nachdem nun die beiden wichtigsten Vertreter der Tic-Tac-Familie vorgestellt worden sind, sollen auch noch andere benannt werden:

Hierbei ist vor allem der sogenannte **Pounce** zu nennen, welcher eine Variation des Splats, also Abtropfens von der Wand, darstellt.

Dabei springt ein Traceur so gegen eine Wand, dass er anschließend wieder von dieser abprallen und präzise auf oder an einer Landefläche landen kann. Dies kann er sowohl nur mit den Füßen als auch mit allen vier Extremitäten tun.

Die wohl bekannteste Variation der Tic-Tacs ist aber vermutlich der **Retour**. Dabei wird ein Tic-Tac mit zwei Kontakten aus der Armsprungposition heraus ausgeführt. Auf diese Art und Weise kann sich ein Traceur also auch aus dem Hängen wieder zielsicher und weit von einer Mauer abstoßen.

© Philipp Holzmüller

Zuletzt ist anzumerken, dass ein Tic-Tac auch aus anderen Bewegungen heraus eingeleitet werden kann und an nahezu jedem Hindernis denkbar ist!

© *Philipp Holzmüller*

10

10.4.4   Der Wallflip

Der **Wallflip** ist eine akrobatische Bewegung, bei welcher der Sportler einen Rück-wärtssalto (auch: *Backflip*) mit einem Fußkontakt an einer Wand einleitet.

Da es zum Wallflip viele leichte und angenehme Hilfestellungen gibt, wird dieser Move gern als erster Salto beigebracht. In reduzierter Form ist er sogar mit jungen Kindern durchführbar!

Ausgangsposition:

- Frontaler Anlauf in Richtung Wand

Absprung:

- Einbeiniger Absprung vom Boden
- Das freie Schwungbein wird zur Wand geführt.
- Parallel wird ein Armkreis zum Schwungholen ausgeführt.
- Der Körper fällt in eine leichte Rücklage.
- Einbeiniger Wandabdruck in die Rotation hinein

Flugphase:

- Die Knie werden zur Brust geführt und von den Händen gegriffen (genannt: *Tucken*).
- Körperöffnung zur Landung, sobald der Athlet den Boden sieht.

Landung:

- Beidbeinige Landung auf dem Fußballen
- Die Bewegungsenergie wird durch ein Beugen von Knien und Hüfte gebremst.

Häufige Fehler:

- Ungünstige Winkel und Höhe beim Wandabdruck (Folge: Abrutschen oder Wegdrücken)
- Reines Abdrücken von der Wand (Folge: keine Steigung und Rotation)
- Hektik
- Angst vor der Rückwärtsrotation

Hier gibt's die Bewegung in Aktion:

10

DER WALLFLIP: EINE METHODISCHE REIHE

Die Herangehensweise an einen Wallflip ist abhängig von Kontext und Zielsetzung. Das bedeutet, dass sich die Methodik unterscheiden kann, je nachdem, ob z. B. nur eine spannende Erfahrung gesammelt werden soll (z. B. Schule oder Workshop) oder ob die Bewegung tatsächlich erlernt und später selbstständig gekonnt werden soll.

In der folgenden methodischen Reihe ist daher gekennzeichnet, bis zu welchem Schritt sich die Übungen auch für Kinder oder einmalige Teilnehmer eignen (Anfänger), und ab wo sich die Übungen speziell an die Athleten richten, die den Wallflip auch wirklich eigenständig erlernen wollen (Profi).

Ziel: Das Erleben und spätere Erlernen eines sicheren Wallflips

Aufbau: Eine Wand; Mattensicherung (indoor) oder weicher Untergrund (outdoor)

Zusätzliches Material: Helfer; gegebenenfalls Materialhilfen (z. B. Sprungbrett, Schräge o. Ä.)

Konditionelle Voraussetzungen: Schnellkraft in Bauch und Beinen

Technische Voraussetzungen: Rolle rückwärts; jegliche Drehbewegungen; Wallrun

Schritt 1: Vorbereitung *(Anfänger und Profi)*

Als wichtigste Voraussetzung für einen Wallflip gilt ein grundsätzliches Bewegungsverständnis der Zielbewegung sowie das Vertrauen gegenüber den späteren Partnern in der Hilfestellung.

Aus diesem Grund sollten in der Vorbereitung zum Wallflip – beispielsweise im Warm-up – erste Wandkontakte mit eingebaut werden. So könnten in den gewählten Spielformen z. B. Wallruns oder Tic-Tacs vorkommen.

Ebenfalls bieten sich Partnerübungen an, die Kommunikation und Körperkontakt benötigen, oder sogar das Element des „Sich-Tragens" beinhalten.

Was genau aber durchgeführt wird, sollte der Trainer selbstständig anhand seiner Zielgruppe entscheiden.

Schritt 2: Checkergriff checken *(Anfänger und Profi)*

Sind nun alle Teilnehmer warm und wissen, wie ein Wallflip aussieht, ist es an der Zeit, den Checkergriff vorzustellen. Mit diesem werden die Sportler später durch die Bewegung getragen.

Abb. 101: Erinnerung an den Checkergriff aus Kap. 6

Erste Testversuche – ohne Salto – werden absolviert. Dabei soll der Athlet auf die Wand zulaufen, den Kontakt daran ausführen und erst mal einen Strecksprung machen, bevor er wieder sicher auf seinen Füßen landet.

Dies soll Helfern und Sportlern gleichermaßen das Gefühl geben, ob sie die Zielbewegung durchführen möchten.

HINWEIS

Allein der Athlet hat zu entscheiden, ob er den Trick durchführen möchte oder nicht!

10

Schritt 3: Den Wallflip mit dem Checkergriff erleben *(Anfänger und Profi)*

Fühlen sich alle Beteiligten nun wohl, ist es Zeit, „durchzuziehen" – also den ganzen Wallflip (mit Checkergriff) auszuführen.

Abb. 102: Zusätzlich zum Checkergriff unterstützt die zweite Hand am Beckenkamm, um den KSP zu heben.

Sollte nur ein Kontakt an der Wand jedoch nicht ausreichen, da Kraft und Körperspannung fehlen, können auch unbegrenzt viele Schritte an der Wand gemacht werden, bis der Körper endlich rotiert. Das vereinfacht die Bewegung und führt eher zum Erfolg.

Für die reinen „Erfahrungssammler" ist der Wallflip an dieser Stelle beendet.

HINWEIS

Die Helfer sichern so lange, bis keine Bewegungsenergie mehr übrig ist. Erst wenn der Athlet sicher steht, sitzt oder liegt, lösen sie ihren Kontakt!

HINWEIS

Bei fortgeschrittenen Athleten kann der Checkergriff gegen die erste Angst helfen, sollte aber nur sehr kurz durchgeführt werden, da er eine falsche Arm- und Bewegungsführung bedingt!

Schritt 4: Eigenständigen Ablauf einprägen *(Profi)*

Möchte der Athlet den Wallflip nun auch lernen, eigenständig auszuführen, so sollte er sich zuerst den Bewegungsablauf – bis zur Rotation – genau einprägen.

Dazu wäre es wünschenswert, wenn er die Bewegungsphasen mitsamt Armschwung – vom Anlauf bis zum Wandabdruck – an der Wand mehrfach „trocken" durchgeht. Anstelle des Saltos kann er hier einen Streck-, später dann einen Hocksprung machen.

Abb. 103: Der Athlet sollte ein gutes Gefühl für den Bewegungsablauf entwickeln.

IDEE

Um sich vorsichtig zur Rotationsbewegung vorzutasten, kann ein Helfer den Athleten von hinten begleiten und ihn in der Flugphase am Rücken stützen. Dadurch verhindert er einen Sturz auf den Rücken, ermöglicht dem Sportler aber ein erstes Bewegungsgefühl hin zur finalen Saltobewegung.

Schritt 5: Wallflip mit Rotations- und Schwerpunktunterstützung *(Profi)*

Nachdem der Athlet sich den Bewegungsablauf eingeprägt hat, ist es an der Zeit, diesen erneut mit Helfern auszuführen.

Anstelle des Checkergriffs wird nun aber am Beckenkamm sowie an der Oberschenkelrückseite unterstützt. Auf diese Weise können die Helfer den Körperschwerpunkt des Athleten in der Luft halten, während sie ihm an den Beinen noch Rotation für den Salto mitgeben können.

Abb. 104: Die Helfer führen den Athleten bis zurück in den sicheren Stand.

Wieder startet das Team mit einigen vorbereitenden Strecksprüngen, ehe endlich der erste finale Salto durchgezogen wird.

HINWEIS

Die Helfer sichern so lange, bis keine Bewegungsenergie mehr übrig ist. Erst wenn der Athlet sicher steht, sitzt oder liegt, lösen sie ihren Kontakt!

IDEE

Als Materialhilfe kann ein Sprungbrett oder Kastendeckel genutzt werden, um die Wand abzuschrägen. Das verleiht der Bewegung mehr Höhe und macht es leichter für den Sportler.

Schritt 6: Die Hilfestellung reduzieren bis zur Zielbewegung *(Profi)*

Klappt der Wallflip nun mit Hilfestellung immer besser, so kann diese mit der Zeit zu einer Sicherheitsstellung hin reduziert werden.

Während also zuerst die Hand an der Oberschenkelrückseite weggelassen wird, steht irgendwann nur noch ein Helfer neben dem Athleten und begleitet den Salto. Hält dieser es für nötig, handeln zu müssen, – z. B. bei fehlender Höhe – kann er noch blitzschnell in die Bewegung eingreifen.

Abb. 105: Erst nur noch eine Hand, dann ohne: Die Hilfestellung wird zur Sicherheitsstellung.

Irgendwann ist der Traceur dann bereit, den Wallflip alleine auszuführen!

Die Methodik finden Sie hier in Bewegung:

10

DER WALLFLIP: VARIATIONEN

© Andreas Wöhle

Der Wallflip kann sowohl mit mehreren Schritten an der Wand ausgeführt werden als auch mit Variationen in der Flugphase oder Landung. So können diverse Körperpositionen während der Bewegung eingenommen, Schrauben eingefügt oder auf nur einem Bein gelandet werden, um nur einige Möglichkeiten zu nennen.

Des Weiteren gibt es noch unzählige andere akrobatische Möglichkeiten, Wände für Saltos oder Ähnliches zu nutzen. Der Kreativität sind keine Grenzen gesetzt!

© Georgij Sosunov

10.4.5 Weitere Bewegungen an der Wand

Neben den zuvor beschriebenen Bewegungen und Techniken lassen sich Wände natürlich noch zu unzähligen anderen Dingen nutzen.

TRAVERSE

Eine beliebte Herausforderung für Feinmotorik und Fokus ist das Traversieren von Fassaden; also das seitliche Entlanghangeln.

Dabei werden kleine Mauerkanten, Fugen, Schilder, Fensterbänke und Co. als Griffe und Tritte genutzt, um sicher auf der anderen Seite anzukommen.

Gerade als Variation des Spiels „Der Boden ist Lava", als Gruppenherausforderung oder als Erwärmung für Muskeln und Geist ist dies eine beliebte Aktivität unter Traceuren.

© Dennis Karotsch

© Philipp Holzmüller

ASCENT

Seit jeher bekannt, aber erst seit Kurzem im Trend, bieten **Ascents** (dt.: *Aufstieg*) spannende Herausforderungen. Bei ihnen versucht ein Traceur, so effizient und sicher wie möglich eine bestimmte Strecke hinaufzuklettern, während er kleinste Griffe und Tritte benutzt.

Je höher und technischer der Ascent ist, desto besser müssen aber auch Falltechniken, Kraftfähigkeit und Selbsteinschätzung trainiert sein!

10

DESCENT

© Andreas Wöhle

Das genaue Gegenteil vom Ascent ist der **Descent** (dt.: *Abstieg*). Hierbei versuchen die Sportler, sich möglichst effizient und sicher eine bestimmte Strecke hinunterzulassen.

Genau wie bei Ascents muss aber auch ein Descent minuziös geplant, vorbereitet und trainiert werden, bis er zu einem wirklich flüssigen Ablauf wird und maximale Sicherheit verspricht. Aus vielen Höhen ist nämlich auch mit guten Landetechniken nicht mehr viel zu bewirken…

10.5 Bewegungsfeld 5: Hängen und Schwingen

Neben Mauern, Wänden und Fassaden bieten Stadt und Sporthalle noch weitere Bewegungsmöglichkeiten. So können nämlich auch hohe Stangen – wie Reckanlagen, Äste, Stahlträger und Co. – eine Vielzahl von Herausforderungen bieten.

Als sinnvolle Vorübungen sollten dafür aber schon frühzeitig folgende Grundpositionen und Kräftigungen beherrscht werden:

10

Abb. 106: Passives Hängen, aktives Hängen, der Stütz sowie gegebenenfalls ein Klimmzug (von links oben nach rechts unten) sollten Grundlagen sein.

10.5.1 Der Schwinger

Eine typische Bewegungsform für derartige Hindernisse ist der **Schwinger** (auch *Swing* oder *Laché*). Dabei hängt der Traceur an seinen Händen und versucht, durch das Pendeln seines ganzen Körpers, Schwung zu generieren. Anschließend kann er dann z. B. präzise auf einem anderen Objekt landen, sich in einen Armsprung katapultieren oder wieder eine andere Stange zu greifen bekommen.

Dabei zeichnet sich der Schwinger vor allem durch seine unheimliche Variabilität, seine vielzähligen Variationen und kreativen Anwendungsbereiche aus. Dadurch kann er das Bewegungsrepertoire eines Traceurs erheblich erweitern.

HINWEIS

Der Schwinger dient vorrangig als Element zur Schwunggenerierung. Folglich verändern sich kleine Details innerhalb seiner Bewegung, je nach Ausgangslage und Ziel. Aus diesem Grund soll hier lediglich ein einfacher Bewegungsablauf, aus dem Langhang bis zum Loslassen der Hände, beschrieben werden.

Ausgangsposition:

- Die Hände umgreifen die Stange schulterbreit.
- Der Traceur hängt im Langhang.

Einleitung:

- Die Fersen schnellen in Richtung Gesäß.
- Hohlkreuzartige Körperposition
- Vorspannung in Bauch- und Hüftmuskulatur
- Die Füße werden nun mit dem Spann nach vorn vor die Stange geführt.
- Die Beine „stechen" möglichst senkrecht in Richtung Himmel.
- Ein kräftiges Ziehen der Arme unterstützt das „Stechen".

Erste Schwungphase:

- Gestreckter Rückschwung aus der Initialbewegung
- Schwingen mit gestreckten Armen unter der Stange hindurch wieder nach oben
- Erreichen eines Totpunkts[16], wenn der Körper wieder etwa parallel zum Boden steht.
- Körperstreckung mit leicht gerundeter Position (genannt: C+) im Totpunkt

HINWEIS

Die C+-Position entsteht durch ein Einziehen des Bauchnabels und ein Schließen der Brust; nicht durch ein Abwinkeln der Hüfte!

---

16   *Der* **Totpunkt** *ist dort, wo der Schwung stoppt und sich die Bewegungsrichtung wieder ändert.*

10

Zweite Schwungphase:

- Schwingen aus der C+-Position heraus in Richtung Boden
- Leichte Hohlkreuzposition
- Dynamischer Kick der Hüfte zur Schwunggenerierung

HINWEIS

Der genaue Zeitpunkt dieses Kicks ist abhängig vom Bewegungsziel. Als Faustregel gilt: Möchte der Athlet Höhe generieren, so leitet er ihn später ein, möchte er weit fliegen, muss er ihn etwas früher initiieren.

Lösen:

- Vorschnellen der Beine nach dem Kick
- Leicht versetztes Lösen der Hände
- Aufrichten des Oberkörpers durch eine Zugbewegung
- Flugphase in gestreckter, leicht gekippter Körperposition
- Der Blick fixiert die Landung entlang des Körpers.

Häufige Fehler:

- Timing der Körperpositionsänderung
- Timing des Kicks
- Timing des Abwerfens
- Hohlkreuz anstatt C+ im Totpunkt (genannt: *Banane*)

Hier gibt's die Bewegung in Aktion:

DER SCHWINGER: EINE METHODISCHE REIHE

Ziel: Ein sicherer Schwinger zu präziser Landung

Aufbau: Eine hohe Stange (z. B. Reckanlage, Ast o. Ä.)

Zusätzliches Material: Gegebenenfalls Markierungen (z. B. Tape, Hütchen o. Ä.)

Konditionelle Voraussetzungen: Haltekraft; Rumpfspannung; Zugkraft der Arme

Technische Voraussetzungen: Jegliches Hängen und Hangeln; Landetechniken

Schritt 1: Pendeln

Der Traceur hängt im Langhang unter der Stange und versucht, durch einen kontrollierten und gut getimten Wechsel von C+- und C--Position ins Pendeln zu kommen.

Nach einigen erfolgreichen Pendelschwüngen löst er seinen Griff im Rückschwung und landet im sicheren Stand hinter der Stange.

10

Abb. 107: Eine Helferin gibt taktile Hilfe zum Erreichen der gewünschten Positionen.

IDEE

Ein Helfer kann dem Athleten an Bauch und Rücken eine taktile Hilfe zum Positionswechsel geben, indem er ihn zum richtigen Zeitpunkt dort antippt.

Schritt 2: Loslassen!

Beherrschen die Teilnehmer den Pendelschwung, sollen sie das Lösen von der Stange lernen. Dieses beinhaltet das Loslassen der Hände sowie das Aufrichten des Oberkörpers.

Dazu sollen die Athleten aus einem minimal pendelnden Langhang heraus versuchen, möglichst sicher und weit von der Stange weg zu landen (z. B. in einem markierten Bereich). Erreicht werden soll das allein durch den Kick und ein „Wegwerfen" der Stange. Mit der Zeit kann mehr und mehr Schwung durch stärkeres Pendeln hinzugefügt werden.

Abb. 108: Bezeichnend für einen Schwinger ist seine leicht verkippte Flugphase. So können Athleten die Landung besser sehen.

IDEE

Das Aufrichten des Körpers kann den Teilnehmern mit der Analogie vermittelt werden, dass sie die Stange hinter sich zu Boden werfen sollen. Dies wird „Wegwerfen" der Stange genannt.

Schritt 3: Zielbewegung

Nachdem Pendeln und Lösen separat trainiert wurden, dürfen die Teilnehmer nun beide Teilbewegungen kombinieren.

Dazu sollten sie erst mal in markierten Bereichen landen (z. B. auf einer bestimmten Markierung), ehe sie mit wachsender Bewegungserfahrung auch immer präzisere Landeflächen anvisieren können (z. B. Kasten, Mauer o. Ä.).

HINWEIS

Die Initialbewegung zum ersten Schwungholen stellt sich oftmals irgendwann von alleine ein, kann aber auch durch einen kurzen Impuls als Ganzheitsmethode erprobt werden.

10

Die Methodik finden Sie hier in Bewegung:

DER SCHWINGER: VARIATIONEN

© Philipp Holzmüller

Der Schwinger kann als Grundform einer gesamten Bewegungsrichtung verstanden werden; ähnlich wie das gewöhnliche Gehen auf dem Boden. Dementsprechend ist er extrem wandelbar und anpassungsfähig:

Neben seiner Anwendung an verschiedensten Objekten, diversen Winkeln oder mit variierenden Zielen bietet auch das Element selbst nahezu unendlichen Raum für Ideen.

Von Überschlägen um die Stange herum (auch: **Riesen** oder *Giants*), über Drehungen und Richtungswechsel, bis hin zu Elementen nach dem Lösen – wie **Saltos** oder Rotationen – ist alles denkbar!

© Georgij Sosunov

Auch veränderte Griffarten, um sich an die gegebenen Hindernisse anzupassen, können dabei genutzt werden. So kann auch rückwärts, diagonal oder verdreht geschwungen werden!

Der gewöhnliche Pendelschwung ist demnach lediglich der Schlüssel zu einer gesamten neuen Welt an Chancen und Möglichkeiten!

© Philipp Holzmüller

© Philipp Holzmüller

10.5.2　Der Durchbruch

Ein weiteres Bewegungsfeld, welches sich Stangen und Co. zunutze macht, ist das der **Durchbrüche**. Dabei werden Hindernisse entweder zur Generierung von Schwung genutzt oder dazu, um sich zwischen ihnen hindurchzuziehen.

Am prominentesten sind dabei der klassische Durchbruch (auch: *Underbar*), bei welchem sich ein Traceur mit den Füßen voran durch eine schmale Lücke zieht, sowie der Unterschwung, welcher als einleitende Bewegung für ein darauf folgendes Bewegungsziel dient. Dabei können, neben klassischen Präzisionslandungen oder Armsprüngen, auch das Überfliegen von Hindernissen oder das Fliegen durch folgende Objekte hindurch spannende Herausforderungen bieten.

© Kosta Krunic　　© Philipp Holzmüller

Abb. 109: Bei einem Durchbruch (links) springt der Athlet dynamisch durch eine Lücke, während er mit einem Unterschwung (rechts) ein Bewegungsziel einleitet.

10

HINWEIS

An dieser Stelle aber soll nur der Unterschwung aus dem Stand beschrieben und hergeleitet werden. Dieser kann in der Praxis nämlich am besten als Grundlage für alle weiteren Elemente dienen und bieten den Teilnehmern somit mehr Nutzen im täglichen Gebrauch.

Ausgangsposition:

- Der Traceur steht in einer Schrittstellung frontal vor dem Hindernis.
- Die Hände umgreifen die Stange schulterbreit.
- Die Arme sind gestreckt.
- Der Körper steht hinter der Stange.
- Der Blick fixiert die Landefläche.

Einleitung:

- Das hinten stehende Bein kickt mit der Ferse voran nach oben.
- Das Schwungbein wird dynamisch wieder nach unten fallen gelassen.

Schwungphase:

- Das Schwungbein schnellt unter dem Körper hindurch nach vorn.
- Das Standbein löst sich, wenn das Schwungbein etwa an ihm vorbeischwingt.
- Beide Beine werden mit dem Fußspann in Richtung Stange geführt.
- Die Hüfte fällt unter die Stange in eine gewinkelte, v-förmige Position.

Lösen:

- Die Beine schießen auf die Landefläche zu.
- Die Arme unterstützen die Schwungbewegung durch ein festes Ziehen.
- Die Hüfte öffnet sich.
- Der Athlet fliegt in einer gestreckten Körperposition auf seine Landung zu.

10

HINWEIS

Die Führung der Beine im Lösen des Unterschwungs hängt maßgeblich vom Ziel der Bewegung ab. Möchte der Traceur präzise und flach landen, so können die Beine in einem eher flachen Winkel bleiben; möchte er jedoch über ein anderes Objekt fliegen, so müssten die Beine steil nach vorne oben gestochen werden.

Häufige Fehler:

- Timing beim Lösen
- Zu flache oder zu steile Beinführung
- Zu starke Körpervorlage bei der Landung

Hier gibt's die Bewegung in Aktion:

DER DURCHBRUCH: EINE METHODISCHE REIHE

Anders als im Turnen wird ein Unterschwung im Parkour meist in Kombination mit anderen Hindernissen – wie z. B. weiteren Ästen – oder mit einer gewissen Zielsetzung – beispielsweise einer präzisen Landung – genutzt. Entsprechend sollte von Beginn an ein Verständnis für die Vielfalt dieser Bewegung vermittelt und erprobt werden.

Ziel: Ein sicherer und variabler Unterschwung aus dem Stand

Aufbau: Eine bauch- bis hüfthohe Stange (z. B. Reckanlage, Geländer, Äste o. Ä.)

Zusätzliches Material: Gegebenenfalls Seil o. Ä.; gegebenenfalls Markierungen (z. B. Tape, Linien o. Ä.)

Konditionelle Voraussetzungen: Haltekraft; Rumpfspannung; Zugkraft der Arme

Technische Voraussetzungen: Jegliches Hängen und Hangeln; Landetechniken

Schritt 1: Zielbewegung mit Hilfe

Abb. 110: Die Helfer unterstützen mit einem Tragegriff und sichern zudem die Landung.

Nach einer Demonstration der Zielbewegung sollen die Teilnehmer versuchen, die Technik selbst umzusetzen. Dabei sollen sie die Bewegung in einem sicheren Stand auf dem Boden beenden.

Haben sie damit ein Problem, können Materialhilfen oder Partner sie dabei unterstützen.

Hilfestellung:

1-2 Helfer können sich *vor* der Stange positionieren. Dort können sie den Athleten mit einem Tragegriff bei der Bewegung unterstützen und ihn auch bei der Landung sichern.

Materialhilfe:

Zwei Helfer können ein Seil (Pullover, Ast o. Ä.) in genügend Abstand und Höhe vor der Stange hochhalten. Dieses soll der Athlet nun in der Flugphase nach dem Unterschwung überqueren.

Abb. 111: Das Seil zwingt den Athleten in eine höhere Flugphase.

Schritt 2: Unterschwung mit Ziel

Haben die Teilnehmer erste Erfahrungen mit der Grundbewegung gesammelt, sollen sie diese nun in verschiedenen Szenarien austesten. Dabei können Landeflächen und -markierungen beliebig verändert oder das Bewegungsziel beliebig ausgetauscht werden. Die Technik könnte also mal präzise in den Stand und mal kontrolliert in den Armsprung führen. Mal weit, mal hoch, mal gerade, mal diagonal.

Eine für die Teilnehmer zielführende Technik etabliert sich demnach aus ihrer Erfahrung mit der variablen Verfügbarkeit.

DER DURCHBRUCH: VARIATIONEN

© Philipp Holzmüller

Neben den einleitend beschriebenen Varianten der Zielsetzung gibt es noch weitere, vielfältige Variationen.

Besonders beliebt ist dabei der **360-Underbar**. Dabei springen die Traceure mit einer Rotation in eine Lücke hinein.

Ebenfalls gern gemacht werden der **Bück**- und der **Grätschunterschwung**, bei welchen die Füße mit auf der Stange platziert werden. Einmal geöffnet neben den Armen (Grätschunterschwung) und einmal geschlossen zwischen den Armen (Bückunterschwung), können diese so direkt aus Landungen ausgeführt werden und durch die erhöhte Startposition zudem noch mehr Schwung generieren!

© Philipp Holzmüller

Auch Unterschwünge, nach denen der Athlet versucht, sich über oder durch Objekte zu schieben, erfreuen sich großer Beliebtheit. Lokal werden diese sogar namentlich als **Überbruch** unterschieden. Diese besonderen Herausforderungen ermöglichen es den Sportlern nämlich, auch ungünstig erscheinende Spots zu nutzen.

© *Philipp Holzmüller*

10

© *Philipp Holzmüller*

Zuletzt findet sich auch eine Technik mit eher ungewöhnlichem Namen in der Szene wieder: der **Fisch**.

Der Fisch ist ein Unterschwung, in den hineingehechtet wird (daher der Name). Durch ein Blockieren der Arme wird der Schwung dann abgebremst und in die ansonsten gewohnte Bewegung umgeleitet.

10.5.3 Weitere Bewegungen aus dem Hängen

Neben all den unzähligen Variationen und Bewegungen aus und im Schwingen oder mit Durchbrüchen können selbstverständlich auch noch andere Techniken geübt und genutzt werden.

Besonders hilfreich sind dabei all jene Abläufe, die es den Athleten ermöglichen, aus dem Hang in den Stütz zu kommen. Dies ist nützlich, um z. B. auf eine Stange zu klettern oder eine Folgebewegung aus dem Stütz heraus zu beginnen.

© Philipp Holzmüller

AUFSCHWUNG

Ein typisches Element ist der sogenannte Aufschwung. Dabei rotiert der Sportler rückwärts um die Hüfte, welche auf der Stange aufliegt, und endet schließlich im Stütz.

KIPPE

Eine weitere, aber komplexere Bewegung ist die Kippe. Dabei nutzen die Athleten das biomechanische Prinzip der Pendelverkürzung, um mit möglichst wenig Kraftaufwand viel Schwung zu generieren. Dieser trägt sie in die Stützposition.

© Philipp Holzmüller

MUSCLE-UP

Eine weitere Methode, um aus dem Hang in den Stütz zu kommen, ist der Muscle-up. Hierbei zieht sich der Traceur aus nahezu reiner Kraft heraus an der Stange vorbei.

© Philipp Holzmüller

DER CLIMB-UP

Was genau es damit auf sich hat und wie man ihn üben kann, erfahren Sie hier:

10

AUFHOCKEN

Das Aufhocken aus dem Stütz ist eine der Katze ähnliche Bewegung. Hierbei versucht der Sportler, mit etwas Schwung die Beine auf die Stange zu bringen und schließlich balancierend auf dieser stehen zu bleiben.

© Philipp Holzmüller

KAPITEL 11

Kapitel 11

SPIELORIENTIERTE PRAXISIDEEN

Das Spielen ist eine in uns Menschen tief verankerte Grundidee. Dabei geht es nicht nur um Spaß, sondern auch um das Austesten von Grenzen und das Lernen von nützlichen Handlungsmustern – technisch, wie sozial.

Bisher Erlerntes kann dabei in einem neuen und herausfordernden Kontext ausprobiert und angewandt, verändert oder verworfen werden.

Besonders das Spielen mit Hindernissen ist dabei eine beliebte Beschäftigung. Hier kann der Körper nämlich mal so richtig auf die Probe gestellt werden, ganze ohne dass es sich nach Training anfühlt. Ob also Kinder über den Spielplatz turnen oder Jugendliche es Parkour-Training nennen: Die Ziele sind nahezu identisch.

Praktisch für einen Übungsleiter ist das daher, weil sich somit sowohl die „Klassiker des Schulhofs" gut in eine Parkour-Stunde übertragen lassen können, als auch andere Spiele durch die Hinzunahme von Hindernissen plötzlich wieder spannend und neu erscheinen.

Ein paar der beliebtesten Parkour-Spiele gibt es daher für Sie in diesem Kapitel.

© Violeta Beral

11.1 Der Boden ist Lava

Ziel: Eine Hindernislandschaft durchqueren, ohne den Boden zu berühren.

Aufbau: Hindernislandschaft

Zusätzliches Material: –

Spieler: Beliebig

Durchführung:

Die Teilnehmer sollen durch Hangeln, Springen und Balancieren eine gewisse Route durch eine Hindernislandschaft nehmen, ohne dabei den Boden (die Lava) zu berühren.

© Viktor Andersson

Berühren sie jedoch die Lava, so müssen sie entweder wieder von vorn beginnen oder eine Strafe absolvieren (z. B. eine Kraftübung).

Differenzierung:

- **Handicap:** Die Teilnehmer haben z. B. nur einen Arm, der „spielberechtigt" ist.
- **Lava-Schuhe:** Die Teilnehmer haben ein Paar „Lava-Schuhe", mit welchen sie die Lava einmal berühren dürfen.
- **Teamwork:** Die gesamte Gruppe muss als Einheit die Route überqueren. Jeder hilft dem anderen zur Erreichung des gemeinsamen Ziels!
- **Schatzsuche:** Die Gruppe muss einen Schatz vom Ende der Hindernislandschaft retten und sicher zu ihrem Startpunkt bringen. Dabei darf er nicht in eine Tasche gesteckt oder geworfen werden!

Sicherheitsrelevante Hinweise:

Befindet sich eine Vielzahl von Teilnehmern in der Hindernislandschaft, sollten sie aufeinander achten und sich, wenn nötig, gegenseitig unterstützen. Zudem muss im Vorhinein geklärt werden, wie viele Personen sich gleichzeitig auf oder an einem Objekt befinden dürfen, damit die maximale Belastungsgrenze der Geräte nicht überschritten wird!

Wettkampflosigkeit, Vorsicht, Sicherheit, Respekt und Bescheidenheit sollten beachtet werden.

11.2   Zombies vs. Ninjas

Ziel: Blinde Zombies versuchen, vorsichtige Ninjas in einer Hindernislandschaft zu finden und zu fangen.

Aufbau: Hindernislandschaft

Zusätzliches Material: Gegebenenfalls Augenbinden

Spieler: 8-15 Teilnehmer

Durchführung:

Aus der Gruppe heraus wird eine faire Anzahl an Zombies bestimmt, welche sich anschließend die Augen verbinden und in der Hindernislandschaft verteilen.

Der Rest der Gruppe, die Ninjas, dürfen sich nun für einen festgelegten Zeitraum leise und vorsichtig ausschließlich (!) auf den Hindernissen bewegen. Dabei versuchen sie, es zu vermeiden, von den Zombies aufgespürt und berührt zu werden.

Sie dürfen nicht reden!

Wurde ein Ninja von einem Zombie berührt, so wird dieser ebenfalls zu einem Zombie.

Berührt ein Ninja zudem versehentlich den infizierten Boden, so frieren sie an Ort und Stelle ein, bis sie entweder durch das Antippen eines anderen Ninjas wieder befreit oder von einem Zombie gefangen werden.

Das Spiel endet nach Ablauf der zuvor angesagten Zeit.

Das Team mit mehr Personen in seinen Reihen – Zombies oder Ninjas – gewinnt.

HINWEIS

Die Ninjas sind angehalten, sich leise und vorsichtig zu bewegen und nicht vor den Zombies wegzulaufen und diese waghalsig zu überspringen.

11

Differenzierung:

- **Last-One-Standing:** Das Spiel geht so lange, bis nur noch ein Ninja übrig ist.
- **Rettet den Impfstoff:** Die Ninjas versuchen, einen Impfstoff (z. B. Softball) aus der Mitte der Hindernislandschaft zu retten. Dieser muss sicher aus dem Spielfeld herausbefördert und darf nicht geworfen werden!

Sicherheitsrelevante Hinweise:

Dieses Spiel ist ein Fangspiel und beinhaltet dementsprechend leichten Körperkontakt. Des Weiteren sind die blinden Zombies in einer unangenehmen Position, weswegen sie nicht behindert und bewusst gefährdet werden dürfen. Es soll um Vorsicht, Respekt und das Testen der eigenen Fähigkeiten gehen und nicht um das Gewinnen gegen andere!

Wettkampflosigkeit, Vorsicht, Sicherheit, Respekt und Bescheidenheit sollten beachtet werden.

11.3 Weitere spielorientierte Praxisideen

Weitere Spiele finden Sie nach einem kurzen QR-Code-Scan hier:

© Dennis Karotsch

PARKOUR-BRENNBALL

Das klassische Brennballspiel wird durch Hindernisse zum aufregenden Parkour-Spiel, bei dem es um Tempo, Effizienz und sichere Bewegungsausführungen geht.

PARKOUR-BRENNBALL

GEGEN DIE UHR

Als ein Team versuchen die Teilnehmer, einen Parkour so zu durchlaufen, dass sie am Ende gemeinsam schneller waren, als die von ihnen vorhergesagte Zeit.

© Dennis Karotsch

11

GEGEN DIE UHR

KAPITEL 12

Kapitel 12

KONZEPTORIENTIERTE PRAXISIDEEN

Neben spiel- und bewegungsorientierten Themen lassen sich im Parkour auch hervorragend Werthaltungen, wie Vertrauen, Respekt oder gegenseitige Hilfe, thematisieren. Begründet in der Philosophie und den Werten der Sportart, sowie illustriert durch die Geschichte der Disziplin, können diverse abstrakte Konzepte also glaubhaft hergeleitet und behandelt werden.

Folglich bietet es sich an, diesen integralen Bestandteil von Parkour in Form von Bewegungsaufgaben, Spielen oder Herausforderungen in die Trainingseinheiten zu integrieren. Zielgerichtete Reflexionen können es den Teilnehmern dann ermöglichen, die gemachten Erfahrungen auch für ihr tägliches Denken und Handeln richtig einzuordnen.

Die folgenden drei Beispiele bieten Ihnen verschiedenste Ansatzpunkte, um gewisse Konzepte und Kompetenzen spezifisch anzusprechen und mit den Teilnehmern zu diskutieren. Sie sollen Ihnen als Inspiration dienen, eigene Herausforderungen zu entwickeln oder vergleichbare, konzeptorientierte Inhalte in andere Spiele und Aufgaben mit einzubeziehen (z. B. als Differenzierungen).

© Moritz Hofmeister

12.1   Der dunkle Hinderniswald

© *Kosta Krunic*

12

Ziel: Ein Teilnehmer führt seinen blinden Partner in mehreren Runden mit diversen Kommunikationsstrategien durch einen Hindernisparcours.

Konzept: Es geht darum, sich auf seinen Partner einzulassen (Vertrauen), gemeinsame Signale zu vereinbaren (Kommunikation), sowie Hindernisse und Umgebungen durch einen Perspektivwechsel anders wahrzunehmen (Bescheidenheit). Die Sicherheit sowie das Wohlbefinden des Blinden stehen im Vordergrund für den Führenden (Respekt).

Aufbau: Hindernislandschaft

Zusätzliches Material: Gegebenenfalls Augenbinden

Spieler: 2 Teilnehmer (pro Kleingruppe)

Durchführung:

Die Gruppe bildet Zweierpärchen und verteilt sich an den Startpunkten der Hindernislandschaft.

Die erste Phase

Der Partner führt seinen blinden Kumpanen anhand verbaler Erklärungen oder Signale – aber ohne Körperkontakt – zwischen den Hindernissen hindurch zum Ende des Parcours. Danach tauschen sie die Rollen.

Die zweite Phase

Die Partner einigen sich auf taktile Signale (Berührungen) und führen sich zwischen den Hindernissen hindurch. Es wird nicht mehr gesprochen!

Die dritte Phase

Die Partner erweitern ihre taktilen Kommunikationssignale um Berührungen, die sie dazu befähigen, sich nun über die Hindernisse zu führen.

Die vierte Phase (optional)

Der blinde Partner versucht, sich die Abstände und Wege über die Hindernisse genau einzuprägen und diesen nun – ohne Hilfe seines Partners – blind zu durchlaufen. Sein Gehilfe greift nur im Notfall ein.

Differenzierung:

- **Autobahn:** Damit Rückstau vermieden wird, kann der Ablauf von beiden Seiten begangen werden. Dabei müssen die aktiven Teams an den Hindernissen Rücksicht auf die jeweils Entgegenkommenden nehmen!
- **Handicap:** Der blinde Partner kann zusätzlich noch eine weitere Einschränkung bekommen, wie z. B., dass er nur noch einen Arm nutzen darf.
- **Von blind zu Blitz:** Das Spiel kann als Vorbereitung genutzt werden, den Hindernisparcours am Ende mit geöffneten Augen in Höchstgeschwindigkeit abzulaufen. Dabei bietet es sich an, den Teilnehmern den Auftrag mit auf den Weg zu geben, sich Abstände und Schrittfolgen blind genau einzuprägen, um sie später, mit geöffneten Augen, schnellstmöglich ausführen zu können.

Sicherheitsrelevante Hinweise:

Während der ersten Phase kann es zu einem hohen Lärmpegel kommen. Die Wartenden sollten daher möglichst still sein, damit die aktiven Teilnehmer im Parcours sich voll auf ihre Partner konzentrieren können. Da zudem blind gearbeitet wird, sollte des Weiteren auf mögliche Stolperfallen oder kopfhohe Hindernisse achtgegeben werden. Diese dürfen den Ablauf gerne ergänzen, jedoch sollte deutlich darauf hingewiesen werden!

Sobald es ab Phase 2 um die taktile Führung – über Körperkontakt – geht, gilt es, die Grenzen des Partners zu respektieren! Bevor sich berührt wird, muss beiden Partnern klar sein, wo es okay ist, seinen Teamkollegen anzufassen und wo nicht!

Vorsicht, Sicherheit, Respekt und Bescheidenheit sollten beachtet werden.

Mögliche Reflexion:

Am Ende der Einheit können verschiedenste Themen aus den Erfahrungen der Teilnehmer aufgegriffen werden. Besonders das gegenseitige Vertrauen sowie die Dankbarkeit, als Form der Bescheidenheit, dass man selbst sehen kann, bieten sich dabei oftmals an.

In relativ neu geformten Trainingsgruppen kann dieses Spiel zudem eine Diskussion über gewünschte Umgangsformen und die Arten der gegenseitigen Kommunikation für den weiteren Verlauf anstoßen.

12

12.2 Der Krankentransport

© Philipp Holzmüller

Ziel: Eine Gruppe versucht, eine bestimmte Anzahl an Verletzten aus einer Hindernislandschaft zu retten.

Konzept: In diesem Spiel soll es darum gehen, das Parkour-Mantra: *„Sei stark, um nützlich zu sein"*, erlebbar zu machen. Anhand gegenseitiger Unterstützung und Rücksichtnahme (Gemeinschaft, Vertrauen und Respekt) soll das altruistische Konzept der Hilfe, das vor allem Georges Hébert und Raymond Belle am Herzen lag, illustriert werden. Zudem wird vielen Athleten dabei bewusst, dass ihre Kraft alleine kaum reicht, um einen anderen Menschen sicher zu transportieren (Gemeinschaft und Bescheidenheit).

Aufbau: Hindernislandschaft

Zusätzliches Material: –

Spieler: 4-10 Teilnehmer (pro Kleingruppe)

Durchführung:

Innerhalb einer Hindernislandschaft wird eine bestimmte Anzahl von Verletzten verteilt. Diese haben gewisse Einschränkungen: Manche von ihnen können zwar ihre Beine nutzen, ihre Arme aber nicht; andere sind „bewusstlos" und können gar nicht helfen.

Die Aufgabe der restlichen Gruppe ist es nun, sich zu koordinieren und die Verletzten aus der Hindernislandschaft hinaus in eine sichere Zone zu bringen (z. B. eine Matte). Ziel ist es, alle Verletzten zu retten.

Differenzierung:

- **Lava:** Die Verletzten befinden sich in einem Lavafeld. Weder sie noch ihre Retter dürfen den Boden berühren. Tun sie dies, verlieren sie den Körperteil, der die Lava berührt hat.
- **Zeitdruck:** Der Unfallort, an welchem sich das Verletzten befinden, droht einzustürzen. Die Helfer müssen sie also innerhalb einer vorgegebenen Zeit daraus befreien.
- **Handicap:** Bei dem Unfall sind auch einige der Helfer verletzt worden. Nicht jeder von ihnen kann bei der Bergung der Verletzten also voll mithelfen. Manche sind blind, wieder andere können einige Körperteile nicht nutzen.

Sicherheitsrelevante Hinweise:

Dieses Spiel beruht auf Körperkontakt. Dies muss mit der Gruppe besprochen und eingeordnet werden!

Des Weiteren sollte den Helfern klar sein, dass die Verletzten sich voll auf sie verlassen. Waghalsige Rettungsversuche sollten also unterlassen werden, um etwaige Unfälle zu vermeiden. Sicherheit geht vor!

Vorsicht, Sicherheit, Respekt und Bescheidenheit sollten beachtet werden.

Mögliche Reflexion:

Nach Beendigung dieses Spiels ist den meisten Teilnehmern schnell klar, wie herausfordernd und kraftintensiv die Rettung von Personen ist. Die eigene Kraft und die erlernten Techniken der Hindernisüberwindung reichen in einer derartigen Situation schnell nicht mehr aus. Nichtsdestotrotz sollten sie die Erfahrung gemacht haben, dass eine solche Rettung nur dann gelingt, wenn sich abgestimmt, koordiniert und gegenseitig geholfen wird.

Daraus sollten sie Rückschlüsse für ihren Alltag ziehen können als auch für ihr Training. Andere nach Hilfe zu fragen oder Hilfe anzubieten, sind starke Gesten und zeugen nicht von Schwäche, sondern von Stärke. Manchmal reichen die eigenen Fähigkeiten noch nicht aus, sind gut eingesetzt aber noch immer eine große Unterstützung für den, der sie benötigt.

12.3   Handicap

© Philipp Holzmüller

Ziel: Die Athleten sollen erfahren, wie es ist, sich mit einer körperlichen Einschränkung zu bewegen.

Konzept: Durch einen erlebten Perspektivwechsel geraten die sonst meist fitten und athletischen Sportler in eine für sie ungewohnte Position. Sie müssen lernen, sich damit zu arrangieren und sollen es wertschätzend verstehen, welche Höchstleistungen körperlich beeinträchtigte Menschen Tag für Tag vollbringen (Bescheidenheit und Toleranz). Statt „höher, schneller und weiter", heißt der Leitspruch „mehr mit weniger" (Wettkampflosigkeit).

Aufbau: Hindernislandschaft

Zusätzliches Material: –

Spieler: Beliebig

Durchführung:

Die Teilnehmer sollen versuchen, verschiedenste Bewegungen, Herausforderungen oder Runs mit gewissen körperlichen Einschränkungen auszuführen. Dabei dürfen sie beispielsweise gewisse Gliedmaßen nicht mitnutzen oder sind blind.

HINWEIS

Bei blinden Versuchen sollte der Teilnehmer einen Partner an die Seite gestellt bekommen, der im Notfall eingreifen kann.

Differenzierung:

- **Verflixt und zugenäht:** Zwei Teilnehmer werden an den Handgelenken oder mit den Schnürsenkeln der Schuhe locker aneinandergebunden und müssen sich nun gemeinsam abgestimmt durch die Hindernisse bewegen.

Sicherheitsrelevante Hinweise:

Durch diese neuartige Situation werden die noch übrigen Gliedmaßen überdurchschnittlich stark beansprucht. Entsprechend sollte von maximalen Sprungweiten oder -höhen abgesehen und der Fokus auf Stabilität und kreative Lösungsfindung gelegt werden.

Wettkampflosigkeit, Vorsicht, Sicherheit, Respekt und Bescheidenheit sollten beachtet werden.

Mögliche Reflexion:

Das Leben mit körperlichen Einschränkungen kann nach den Erlebnissen in einem neuen Licht betrachtet und diskutiert werden, sodass Themen wie Toleranz und Offenheit angesprochen werden.

Zudem kann den Sportlern gezeigt werden, dass Höchstleistungen nicht immer nur weiter oder schneller sein müssen, sondern spannende Herausforderungen auch durch das Reduzieren von Variablen erzeugt werden können. Das „Werkzeug" des Handicaps können Sie so also für spätere Trainingseinheiten oder als Differenzierung in bestimmten Spielen in Erinnerung behalten.

12

KAPITEL 13

Kapitel 13

KRAFTTRAINING UND COOL-DOWN

© Viktor Andersson

Nachdem der Hauptteil der Trainingseinheit beendet worden ist, folgt meist noch ein komplementäres Krafttraining und/oder ein entspannendes Cool-down. Verschiedene Ideen für einen intensiven oder entspannenden Abschluss finden Sie per QR-Scan hier.

13.1 Ideen für das Krafttraining

Bestehend aus parkourspezifischen Inhalten, wie etwa dem Hängen, Klettern oder Stützen, können diverse Spiel- und Organisationsformen den Teilnehmern noch einmal so richtig einheizen!

DIE HELL-NIGHT

Die Hell-Night ist eher eine reine Kraft-trainingseinheit. Bei dieser werden die Teilnehmer durch einen Ablauf von par-kourspezifischen Kraftübungen bis an ihr Limit gebracht. Neben der körperli-chen Kräftigung geht es hierbei vor al-lem um die mentale Resilienz und das gemeinsame Durchbeißen!

© Kosta Krunic

DIE HELL-NIGHT

© Philipp Holzmüller

CASTLE DEFENSE

Castle Defense ist ein Krafttrainings-spiel, das schweißtreibende Übungen mit strategischem Planen paart. Zwei Mannschaften treten hier gegeneinan-der an und können durch das Absolvie-ren verschiedenster Übungen eine eige-ne Burgmauer stärken, später aber auch die ihrer Gegner attackieren.

CASTLE DEFENSE

© Kosta Krunic

KRAFTFLUSS

Eine besonders für Sporthallen geeigne-te Organisationsform des Krafttrainings ist der sogenannte Kraftfluss. Dabei werden die Teilnehmer in drei Kleingrup-pen unterteilt, die von einer Hallenseite zur anderen pendeln.

DER KRAFTFLUSS

13.2 Ideen für das Cool-down

Ist der schweißtreibende Teil des Trainings vorbei, können Kleine Spiele den Puls wieder etwas senken, die Stimmung herunterfahren und die Teilnehmer mit einem guten Gefühl nach Hause fahren lassen.

ANSCHLEICHEN

Besonders ruhig und achtsam müssen die Spieler beim Anschleichen sein. Hier sitzt ein Teilnehmer mit geschlossenen Augen in der Mitte, während die anderen um ihn herum sich versuchen zu nähern – bis sie ihn berühren.

© Philipp Holzmüller

ANSCHLEICHEN

© Jonas Zeidler

NINJA

Die letzte Aufmerksamkeit und Reaktionsschnelligkeit fordert hingegen Ninja heraus. Hier versuchen sich die Spieler, durch kurze Angriffs- und Abwehrbewegungen an den Händen zu berühren. Gewonnen hat, wer als Letzter noch eine Hand hat.

NINJA

TRAININGSTRAUMREISE

Ein besonders entspannender Abschluss kann derweil eine Trainingstraumreise sein. Hierbei liegen die Teilnehmer auf dem Boden und werden vom Übungsleiter ruhig und bewusst gedanklich zurück in die Einheit geführt. Dabei sollen sie sich an ihre schönsten Momente, spannendsten Herausforderungen und glücklichsten Erlebnisse erinnern.

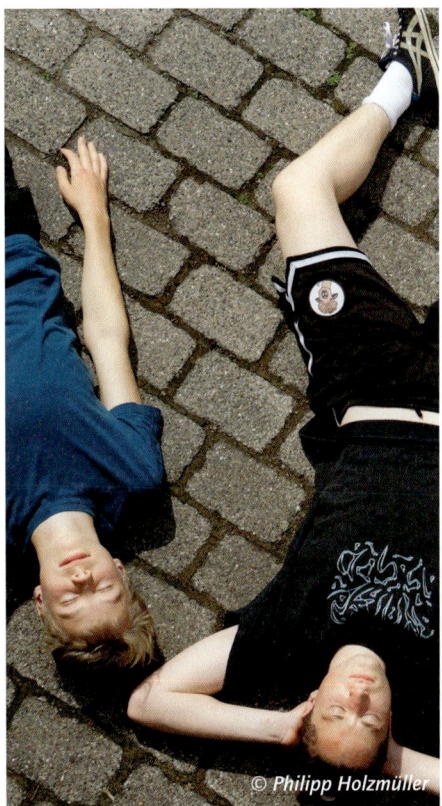

© Philipp Holzmüller

**TRAININGS-
TRAUMREISE**

ANHANG

1 Weiterführende Informationen

© Alexandros Charos

TIPPS FÜR DIE KREATIVITÄT

© *Philipp Holzmüller*

Kreativität ist nicht nur etwas für Athleten, sondern wird auch vom Übungsleiter gefordert. Dieser muss nämlich ständig neue Spiele, Aufbauten und Inhalte erfinden.

- Wie schafft man es also, dass Hindernislandschaften und Trainingsinhalte spannend bleiben?
- Und wie schafft man es auch als Traceur, seinen Horizont stetig zu erweitern?

TIPPS FÜR DIE KREATIVITÄT

Tipps und Tricks für die Kreativität finden Sie hier:

TIPPS FÜR DEN UMGANG MIT ANGST

© Leon Knarr

Parkour spielt mit Grenzen. Aus diesem Grund ist auch die Emotion der Angst im Training ein häufiges Phänomen. Doch:

- Woher kommt sie?
- Wie interpretiere ich sie?
- Wie kann ich mich oder meinen Teilnehmer in einer solchen Situation begleiten?

TIPPS FÜR DEN UMGANG MIT ANGST

Tipps und Tricks zum Umgang mit Angst und zu mentalem Training erhalten Sie hier:

TIPPS FÜR LANGFRISTIGEN SPASS IM VEREIN

© *Alexandros Charos*

Das Vereinstraining unterscheidet sich von Angeboten wie in der Schule oder in Ferienlagern dadurch, dass es fortlaufend und langfristig angelegt ist. Diese Prämisse bietet zwar Chancen, aber auch Schwierigkeiten.

- Wie kann ich nämlich das Vereinstraining für die Mitglieder so gestalten, dass sie auch langfristig daran teilnehmen oder sich sogar im Verein engagieren möchten?

TIPPS FÜR LANGFRISTIGEN SPASS IM VEREIN

Ideen für den langfristigen Spaß im Verein finden Sie hier:

2 Literaturverzeichnis

- Abernethy, B., Baker, J. & Côté, J. (2005). Transfer of pattern recall skills may contribute to the development of sports expertise. *Applied Cognitive Psychology, 19,* 705-718.

- Adloff, T., Busch, G., Fischer, D., Grabs, R., Grahn, J. & Lumer, E. (2017). *Wie soll ich mich verhalten? 50 Antworten auf häufig gestellte Fragen zu den Themen Recht und Versicherungen für: Übungsleiter/-innen, Trainer/-innen, Jugendleiter/-innen, Betreuer/-innen* (13. Auflage). Duisburg: Landessportbund Nordrhein-Westfalen e.V.

- Alberts, W, Bosch, D. & Schier, N. (1991), *Schule formen durch Rituale. Wege zur Entwicklung von Orientierung und Geborgenheit.* Essen: Wingen.

- Angel, J. M. (2011). *Cine parkour: A cinematic and theoretical contribution to the understanding of the practice of parkour.* London: Brunel University.

- Armstrong, T. R. (1970). *Feedback and perceptual-motor skill learning: A review of information feedback and manual guidance training techniques.* University of Michigan, College of Literature, Science and the Arts, Department of Psychology, Human Performance Center.

- Art du Deplacement Academy (2015). *Practice and ADD founders.* Zugriff am 07. April 2020 unter http://www.add-academy.com/en/practice-and-add-founders/

- Atkinson, M. (2009, 20. März). Parkour, anarcho-environmentalism, and poiesis. Loughborough University, UK. *Journal of Sport & Social Issues, 33 (2),* 169, 26.

- Baumann, W. (1989). *Grundlagen der Biomechanik.* Schorndorf: Hofmann.

- Baumann, N. & Hundeloh, H. (2007). *Sicherheit im Schulsport: Alternative Nutzung von Sportgeräten* (aktualisierte Fassung Februar 2017). Berlin: Deutsche Gesetzliche Unfallversicherung e.V.

- Baumeister, R. F. (1984). Choking under pressure: Self-consciousness and paradoxical effects of incentives on skillful performance. *Journal of Personality and Social Psychology, 46 (3),* 610.

- Braumüller, B. (2017). Sportbezogenes Handeln in virtuellen sozialen Netzwerken. Bedeutung und Relevanz für das Sporttreiben und die sportive Identität junger Erwachsener. *German Journal of Exercise and Sport Research, 48 (1),* 79-88.

- Bremer, D. (1990). Wem nützen Fehler – dem Lehrer oder dem Schüler? *Sportunterricht, 39,* 20-29.

- Bockhorst, R. & Wieners, A. (2010). *Niedersprünge – Landungen – Matten. Informationen zum sicheren Landen im Schulsport.* Düsseldorf: Unfallkasse Nordrhein-Westfalen.

- Broccoli, B., Wilson, M. G. (Producer) & Campbell, M. (Director). (2006). *James Bond 007: Casino Royale* [Motion Picture]. United Kingdom: Eon Productions.

- Conzelmann, A. & Schmidt, M. (2020). Persönlichkeitsentwicklung durch Sport. In J. Schüler, M. Wegner & H. Plessner (Hrsg.), *Sportpsychologie* (S. 337-354). Heidelberg: Springer.

- Côté, J. (1999). The influence of the family in the development of talent in sport. *The Sport Psychologist, 13*, 395-417.

- Côté, J., Baker, J. & Abernethy, B. (2003). From play to practice: A developmental frame-work for the acquisition of expertise in team sport. In J. Starkes & K. A. Ericsson, K. A. (Eds.), *Expert performance in sports: Advances in research on sport expertise* (pp. 89-110). Champaign, IL: Human Kinetics.

- Deci, E. L. & Ryan, R. M. (2008). Self-Determination Theory: A macrotheory of human motivation, development, and health. *Canadian Psychology, 49*, 182-185.

- Deutsche Gesetzliche Unfallversicherung e.V. (Hrsg.). (2018). *Matten im Sportunterricht. Sicherheit im Schulsport.* Berlin: Deutsche Gesetzliche Unfallversicherung e.V.

- Deutscher Olympischer Sportbund (2009). *Memorandum zum Schulsport, beschlossen von DOSB, DSLV und dvs im September 2009.* Frankfurt am Main: DOSB.

- Dieckert, J., Wopp, C. & Krüger, M. (2003). Handbuch Freizeitsport. *German Journal of Exercise and Sport Research, 33 (3)*, 339-343.

- Dombrowski, O. (1995). Die Fehlerkorrektur – ein häufig unterschätztes Problem. *Leichtathletiktraining, 6 (7)*, 13-15.

- Edwardes, D. (2010). Encouraging physical activity through parkour. *British Journal of School Nursing, 5 (8)*, 375-376.

- Ericsson, K. A., Krampe, R. T. & Tesch-Römer, C. (1993). The role of deliberate practice in the acquisition of expert performance. *Psychological Review, 100 (3)*, 363.

- Fernández-Río, J., & Suarez, C. (2016). Feasibility and students' preliminary views on parkour in a group of primary school children. *Physical Education and Sport Pedagogy, 21 (3)*, 281-294.

- Foucan, S. (2008). *FreeRunning: Find your way.* London: Michael O'Mara Books Limited.

- Foucan, S. (2010, 15. Dezember). *David Belle interviewed by Sebastien Foucan – Part 1 – FreerunningTV.com.* Zugriff am 05. April 2020 unter https://www.youtube.com/watch?v=5JwAH2DW3q8

- Ford, Ryan (2. Januar 2016). *Parkour strength training: Overcome obstacles for fun and fitness.* CreateSpace Independent Publishing Platform.

- Gallagher, D. (Producer) & Christie, M. (Director) (2003). *Jump Britain* [Motion Picture]. United Kingdom: Carbon Media Ltd.

- Gavira, J. F., Llerena, A. M., Nicaise, D. M. & García, F. P. (2018). Risk perception evaluation in parents and/or guardians of a group of beginner traceurs before and after parkour practice. *Journal of Physical Education and Sport, 18 (2)*, 695-702.

- Gebken, U. (2003). *Gütekriterien des Sportunterrichts.* Zugriff am 03.09.2020 um 14:57 unter https://www.svss.ch/public/018/projekte/02/ergebnisse/guetekriteriensportpaedagogik_ulf_gebken_2003.pdf

- Gilchrist, P. & Osborn, G. (2017). Risk and benefits in lifestyle sports: Parkour, law and social value. *International Journal of Sport Policy, 9 (1)*, 55-69.

- Gilchrist, P. & Wheaton, B. (2016). Lifestyle and adventure sport among youth. *Routledge Handbook of Youth Sport*, 186-200.

- Gilchrist, P. & Wheaton, B. (2017). The social benefits of informal and lifestyle sports: A research agenda. *International Journal of Sport Policy, 9 (1)*, 1-10.

- Grabowski, D. & Thomsen, S. D. (2017). Parkour as health promotion in schools: A qualitative study on health identity. *World Journal of Education, 5 (3)*, 37-43.

- Grosser, M., Brüggemann, P. & Zintl, F. (1986). *Leistungssteuerung in Training und Wettkampf [Theorie und Praxis für alle Sportarten].* München: BLV-Verlag.

- Gröben, B. (1995): Paradigmen des Bewegungslernens – Grenzen und Perspektiven, In R. Prohl & J. Seewald (Hrsg.), *Facetten und Perspektiven einer qualitativen Bewegungslehre,* (S. 121-153). Schorndorf: Hofmann.

- Guadagnoli, M., Holcomb, W. & Davis, M. (2002). The efficacy of video feedback for learning the golf swing. *Journal of Sports Sciences, 20 (8)*, 615-622.

- Guilford, J. P. (1956). The structure of intellect. *Psychological Bulletin, 53 (4)*, 267.

- Guillot, A., Moschberger, K. & Collet, C. (2013). Coupling movement with imagery as a new perspective for motor imagery practice. *Behavioral and Brain Functions, 9 (1)*, 8.

- Guthrie, E. R. (1952). *The psychology of learning.* New York: Harper & Row.

- Haidt, J. (2007). *The happiness hypothesis: Putting ancient wisdom to the test of modern science* (Vol. 1). London: Arrow Books ltd.

- Heckmair, B. & Michl, W. (2008). *Erleben und lernen. Einführung in die Erlebnispädagogik* (6. Edition). München: Reinhardt Verlag.

- Hébert, G. (1925). *Guide pratique d'éducation physique.* 4è edition, Paris: Librairie Vuibert.

- Hébert, G. (1941). *L'éducation physique virile et morale par la méthode naturelle.* Tome I. Exposé doctrinal et Principes directeurs de travail, nombreuses illustrations. Paris: Librairie Vuibert.

- Herrmann, J. (2016). *Parkour/Freerunning as a pathway to prosocial change: A theoretical analysis.* (Masterarbeit, Forensische Psychologie). Abgerufen von http://researcharchive.vuw.ac.nz/xmlui/bitstream/handle/10063/5096/thesis.pdf?sequence=1

- Hitzler, R., Bucher, T. & Niederbacher, A. (2001). *Leben in Szenen: Formen jugendlicher Vergemeinschaftung heute.* Opladen: Leske + Budrich.

- Hollmann, W. & Strüder, H. (2009). *Sportmedizin. Grundlagen für körperliche Aktivität, Training und Präventivmedizin* (5. Auflage). Stuttgart: Schattauer GmbH.

- Holzmüller, P. J. J. & Braumüller, B. (2020). Climb ups or thumbs ups?. *German Journal of Exercise and Sport Research, 50 (4)*, 444-452.

- Hotz, A. (1982). Stetiges Korrigieren ist Demütigung und Bevormundung, *Sporterziehung in der Schule,. 1/2*, 7-8.

- Jagenlauf, M. (1989). Outward Bound – Zur „Modernität "der Erlebnispädagogik Kurt Hahns. *Bildung und Erziehung, 42 (2)*, 203-220.

- Junge, A. & Dvorak, J. (2004). Soccer injuries. *Sports medicine, 34 (13)*, 929-938.

- Khokhar, M. A., Wong, A., Tripken, J., Vinnedge, N. H. & Figueroa, A. (2019). The effects of modified parkour exercise on arterial health and fitness components in elderly individuals: 852: Board# 86 May 29 3: 30 PM-5: 00 PM. *Medicine & Science in Sports & Exercise, 51 (6)*, 212.

- Kidder, J. L. (2013). Parkour: Adventure, risk, and safety in the urban environment. *Qualitative Sociology, 36 (3)*, 231-250.

- Kidder, J. L. (2013). Parkour, masculinity, and the city. *Sociology of Sport Journal, 30*, 1-23.

- Kolb, D. A. (1984). *Experiential learning: Experience as the source of learning and development.* Englewood Cliffs, NJ: Prentice Hall.

- Kriegel, R. (2004). *Eine am Situationskonzept orientierte Sportartenempfehlung.* [Doctoral dissertation, Universität der Bundeswehr München, Universitätsbibliothek].

- Krohne, H. W. (2010). *Psychologie der Angst: Ein Lehrbuch.* Stuttgart: Kohlhammer Verlag.

- Kuhn, K., Nüsser, S., Platen, P. & Vafa, R. (2004). *Richtig Ausdauertraining.* München: BLV-Verlag.

- Maldonado, G., Souères, P. & Watier, B. (2018). Strategies of parkour practitioners for executing soft precision landings. *Journal of Sports Sciences, 36 (22)*, 2551-2557.

- Masters, R. S. W. (2000). Theoretical aspects of implicit learning in sport. *International Journal of Sport Psychology, 31 (4)*, 530-541.

- Masters, R. S. W. & Maxwell, J. P. (2004). Implicit motor learning, reinvestment and movement disruption: What you don't know won't hurt you? In A. M. Williams, N. J. Hodges, M. A. Scott & M. L. J. Court (Eds.), *Skill acquisition in sport: Research, theory and practice* (pp. 207-228). London: Routledge.

- Mechling, H. (1986). Feedback beim Üben und Trainieren. *Sportunterricht. 35 (9)*, 333-345.

- Michl, W. (2020). *Erlebnispädagogik.* Stuttgart: UTB GmbH.

- Ministerium für Schule und Weiterbildung des Landes Nordrhein-Westfalen (Hrsg.) (2015). *Sicherheitsförderung im Schulsport – Sportunterricht, außerunterrichtlicher Schulsport, Angebote von Bewegung, Spiel und Sport im Ganztag und in weiteren schulischen Veranstaltungen* (1. Auflage). Düsseldorf: Ministerium für Schule und Weiterbildung des Landes Nordrhein-Westfalen.

- Neumann, P. (1999). *Das Wagnis im Sport – Grundlagen pädagogischer Forderungen.* Schorndorf: Hofmann.

- Nigg, B. M. & Herzog, W. (Eds.). (2007). *Biomechanics of the musculo-skeletal system.* Hoboken: John Wiley & Sons, Inc.

- Moran, A. P. (2016). *The psychology of concentration in sport performers: A cognitive analysis.* Hove: Psychology Press.

- Ortuzar, J. (2009). Parkour or l'art du déplacement: A kinetic urban utopia. *The Drama Review, 53 (3)*, 54-66.

- Owen, K. [JimmyTheGiant] (2020, 31. März). *How Instagram® almost killed parkour.* [Video File] Zugriff am 07. April 2020 unter https://www.youtube.com/watch?v=3bVp0wsmaqA

- Parkour NZ (October 15, 2015). *NZ Parkour injury research.* Zugriff am 25.08.2020 um 14:11 Uhr unter http://nzparkour.co.nz/parkour-injury-research/

- Palozzo, M. (May 14, 2018). *The Perceived Fear Scale.* Zugriff am 26.10.2020 um 13:31 Uhr unter https://www.marcellopalozzo.com/the-perceived-fear-scale/

- Philippe-Meden, P. (2018). Georges Hébert (1875-1957): A naturalist's invention of body ecology. In B. Andrieu, J. Parry, A. Porrovecchio & O. Sirost (Eds.), *Body ecology and emersive leisure* (pp.25-36). London: Routledge.

- PK Move (2020). *Build your best life – PK silver forever: Your parkour toolkit* (Pandemic Edition). Lulu.com

- Priest, S. & Gass, M. (2017). *Effective leadership in adventure programming* (3. Edition). Champaign, IL: Human Kinetics.

- Puddle, D. L. & Maulder, P. S. (2013). Ground reaction forces and loading rates associated with parkour and traditional drop landing techniques. *Journal of Sports Science and Medicine, 12*, 122-129.

- QUA-LiS NRW (2020). *Kompetenzbereiche, Inhalte und Kompetenzerwartungen.* Zugriff am 24.08.2020 um 19:27 unter https://www.schulentwicklung.nrw.de/ lehrplaene/lehrplannavigator-s-i/gesamtschule/sport-/sport-klp/kompetenzbereiche-inhaltsfelder-und-kompetenzerwartungen/index.html

- Rinehart, R. (2000). Emerging arriving sport: Alternatives to formal sport. In J. Coakley & E. Dunning (Eds.), *Handbook of sport studies* (pp. 504-519). London: Sage.

- Rochhausen, S. (2017). *Parkoursport im Schulturnen-Band 2: Le Parkour & Freerunning – -Praxishandbuch für das Hallentraining mit Kindern und Jugendlichen* (Vol. 2). BoD-Books on Demand.

- Rossheim, M. E. & Stephenson, C. J. (2017). Parkour injuries presenting to United States emergency departments, 2009-2015. *The American Journal of Emergency Medicine, 35 (10)*, 1503-1505.

- Saville, S. J. (2008). Playing with fear: Parkour and the mobility of emotion. *Social & Cultural Geography, 9 (8)*, 891-914.

- Schlapkohl, N., Hohmann, T. & Raab, M. (2012). Effects of instructions on performance outcome and movement patterns for novices and experts in table tennis. *International Journal of Sport Psychology, 43 (6)*, 522-541.

- Smeeton, N., Ward, P. & Williams, A.M. (2004). Do pattern recognition skills transfer across sports? A preliminary analysis. *Journal of Sports Sciences, 22*, 205-213.

- Schmidt-Sinns, J., Scholl, S. & Pach, A. (2010). *Le Parkour und Freerunning: Das Basisbuch für Schule und Verein* (Vol. 12). Aachen: Meyer & Meyer Verlag.

- Schmidt, R. A., Lange, C. A. & Young, D. E. (1990). Optimizing summary knowledge of results for skill learning. *Human Movement Science, 9*, 325-349.

- Schmidt, R. A. & Lee, T. D. (1999). *Motor control and learning: A behavioural emphasis* (2. Edition). Champaign, IL: Human Kinetics.

- Smith, M. (Producer) & Christie, M. (Director) (2003). *Jump London* [Motion Picture]. United Kingdom: Optomen Television.

- Spielberger, C. D. (1972). Anxiety as an emotional state. *Anxiety-Current Trends and Theory*, 3-20.

- Standing, R. J. & Maulder, P. S. (2015). A comparison of the habitual landing strategies from differing drop heights of parkour practitioners (traceurs) and recreationally trained individuals. *Journal of Sports Science & Medicine, 14 (4)*, 723.

- Steynitz, L. (2012). *Kompetenzanforderungen angeleiteter Outdooraktivitäten. Differenzierung für unterschiedliche Programmtypen.* (Doktorarbeit, Sportwissenschaft). Köln: Deutsche Sporthochschule Köln.

- Straub, C. (2015). Die pädagogische Bedeutung von Ritualen. *sportunterricht, 64 (2)*, 36-40.

- Thorpe, H. (2016). Action sports for youth development: Critical insights for the SDP community. *International Journal of Sport Policy, 8 (1)*, 91-116.

- Thorpe, H. (2016). 'Look at what we can do with all the broken stuff!' Youth agency and sporting creativity in sites of war, conflict and disaster. *Qualitative Research in Sport, Exercise and Health, 8 (5)*, 554-570.

- Thorpe, H. (2011b). *Snowboarding bodies in theory and practice.* Basingstoke: Palgrave Macmillan.

- Tielemann, N., Raab, M. & Arnold, A. (2008). Effekte von Instruktionen auf motorische Lernprozesse: Lernen durch Analogien oder Bewegungsregeln?. *Zeitschrift für Sportpsychologie, 15 (4)*, 118-128.

- Trebels, A. H. (1990).: Bewegungen sehen und beurteilen. *Sportpädagogik, 14 (1)*, 48-53.

- Wanke, E. M., Thiel, N., Groneberg, D. A. & Fischer, A. (2013). Parkour – „Kunst der Fortbewegung" und ihr Verletzungsrisiko. *Sportverletzung Sportschaden, 27 (03)*, 169-176.

- Watzlawick, P., Beavin, J. H. & Jackson, D. D. (1974). *Menschliche Kommunikation. Formen, Störungen, Paradoxien*. Bern, Stuttgart, Wien: Hans Huber.

- Weineck, J. (2007). *Leistungsphysiologische Trainingslehre unter besonderer Berücksichtigung des Kinder- und Jugendtrainings* (15. Auflage). Balingen: Spitta Verlag GmbH & Co.

- Weineck, J. (2007). *Optimales Training* (15. Auflage). Balingen: Spitta Verlag GmbH & Co.

- Wellman, B., Quan-Haase, A., Boase, J., Chen, W., Hampton, K., Isla de Diaz, I. & Miyata, K. (2003). The social affordances of the internet for networked individualism. *Journal of Computer Mediated Communication, 8*, 3.

- Wheaton, B. & Gilchrist, P. (2012). New media technologies in lifestyle sport. In B. Hutchins & D. Rowe (Eds.), *Digital Media Sport: Technology, power and culture in the Network Society* (pp. 169-186). London: Routledge.

- Wheaton, B. (2013). *The cultural politics of lifestyle sports*. London: Routledge.

- Widmer, R. (2016). *Burner: Parkour*. Schorndorf: Hofmann Verlag.

- Witfeld, J. (2010). *Zum Einfluss von Höhe, Weite und Landetechnik auf die mechanische Belastung im Knie- und Sprunggelenk in der Sportart Parkour* (Diplomarbeit, Sportwissenschaft). Köln: Deutsche Sporthochschule Köln

- Wolters, P. (2002a). *Bewegungskorrektur im Sportunterricht*. Schorndorf: Hofmann Verlag.

- Wolters, P. (2002b). Normen der Bewegungskorrektur und Probleme im Unterrichtsalltag, *sportwissenschaft, 32 (1)*, 68-79.

- Wulf, G. (2013). Attentional focus and motor learning: A review of 15 years. *International Review of Sport and Exercise Psychology, 6 (1)*, 77-104.

- Zint, F. & Eisenhut, A. (2004). *Ausdauertraining*. München: BLV Verlagsgesellschaft mbH.

- Zonyga, T. (2019). *Incidence zranění přilekcích parkouru vIn Motion Academy*. (Diplomarbeit, Fakulta tělesné výchovy a sportu). Abgerufen von https://dodo.is.cuni.cz/bitstream/handle/20.500.11956/116030/120352031.pdf?sequence=1&isAllowed=y

3 Unterstützer und Freunde

Dieses Buch wäre nicht möglich gewesen, hätten nicht viele andere Traceure, Trainer, Organisationen, Experten und Fotografen ihren Beitrag dazu geleistet. Aus diesem Grund möchte ich mich an dieser Stelle noch einmal explizit bei allen Beteiligten bedanken und ihnen hier eine kurze Plattform bieten.

Parkour lebt durch die Gemeinschaft und gegenseitige Unterstützung – und dieses Buch soll ein Beweis dafür sein!

FINANZIELLE UNTERSTÜTZUNG

Deutscher Turner-Bund e.V.
www.dtb.de
www.instagram.com/deutscherturnerbund

EXPERTEN

Georgij Sosunov – Jugend- und Sozialarbeit (Offenbach a. M.)
Lukas Rosendahl – Sport und internationale Projekte (Berlin)
Kevin Rutkowski – Sport- und Trainingswissenschaften (Mülheim a. d. R.)
Fabian Teusch – Sport- und Trainingswissenschaften (Dortmund)
Basti Gies – Parkour-Vermittlung (Wuppertal)
Giulio Hesse – Parkour-Vermittlung (Köln)
Georg Mathes – Parkour-Vermittlung und Versicherungsschutz (Essen)
Dirk Henning – Vereins- und Verbandswesen (Münster)
Philipp Raasch – Parkour-Vermittlung (Köln)
Simon Gründel – Jugend- und Sozialarbeit (Köln)

INHALTLICHE UNTERSTÜTZUNG

Parkour Generations
www.parkourgenerations.com
www.instagram.com/parkourgenerations

ParkourONE
www.parkourone.com
www.instagram.com/parkourone

Ashigaru
www.ashigaru.de
www.instagram.com/teamashigaru

LAG Parkour in NRW
www.wtb.de/sportarten/parkour

FOTOGRAFEN

Tim Aufdemkamp
www.ohana-wear.com
www.instagram.com/timadk_

Dennis Karotsch
www.instagram.com/dennis_karotsch

Leon Knarr
www.instagram.com/leonsvisuals

Richard Bielau
www.instagram.com/odd_richie

Georgij Sosunov

Andreas Wöhle
www.andiwoehle.com
www.instagram.com/andi.woehle

Moritz Hofmeister
www.instagram.com/moritzhofmeister

Viktor Andersson
http://grafikeriet.se/
www.instagram.com/Grafikeriet

Alexandros Charos
www.we-trace.at

Martin Wille
www.instagram.com/berlintraceur

Benni Grams
www.bennigrams.de
www.instagram.com/benni_grams

Philipp Raasch
www.eyerun.de
www.instagram.com/eyerun_photography
www.instagram.com/parkourcalendar

Peter Spoelma
www.instagram.com/peter.munki/

Matthias Voß

Kosta Krunic
www.instagram.com/barabipbarabup

Andy Day
www.andyday.com
www.instagram.com/kiellgram

Jason Paul
www.teamfarang.com
www.instagram.com/thejasonpaul

Norman Lichtenberg
normanlichtenberg.com
www.instagram.com/normanashigaru/

Alina Kleineberg
www.bildliebe-fotografie.de
www.instagram.com/bildliebebyak

Raik Schache
www.instagram.com/raik.obacht/

Jonas Zeidler
www.jonaszeidler.de

Minh Vu Ngoc
www.instagram.com/minh_vn/

Violeta Beral
www.instagram.com/violetaberal

Thalis Weizmann
www.instagram.com/parkourdortmund
www.parkourdortmund.de

Barbora Hovorkova

Zbigniew Tomasz Kotkiewicz
www.zkotkiewicz.com
www.instagram.com/zbigniewkotkiewicz

Ulrike Wünnemann
www.schatztruhe-leben.de
www.dkv-rt.de

WEITERE FREUNDE UND HELFER

Andreas Gehlhar, Imi Geiger, Dan Edwardes, Ihab Yassin, Johannes Schulte, Laurent Piemontesi, Marcello Palozzo, Renae Dambly, Julius Habbel, Silvan Büdenbänder, Lucas Neukirchen, Lucas Bellebaum, Norwin Stuffer, Ben Pero Kammann, Justus Theiling, Hannah Simon, Detlev Füller, Corinna Blume-Ulmer, Alex Schütz, Raffi Debatin, Madeleine Küsel, Enis Maslic, Bart van der Linden, Fabian Schubert, Jana Tuchewitz, Silke Sollfrank, Antonius Hielscher, Anton Feiste, Louiseanne Wong, Kasturi Torchia, Reinhild und Frank Holzmüller, Lotte.

- Westfälischer Turnerbund e.V.

- Stadtsportbund Münster

- Verein für Mototherapie und Psychomotorische Entwicklungsförderung e.V.

- TrendSport Mülheim

- Mülheimer Parkour Generation (MHPKG)

- Parkour Movement e.V.

- Parkour Srbija

- DKV Residenz am Tibusplatz

- Kirchengemeinde Hl. Johannes XIII.

4 Zum Autor

© Dennis Karotsch

Aktiv seit 2009 ist Philipp Holzmüller ein fester Bestandteil der deutschen Parkour-Szene. Dabei fokussiert er sich vor allem auf den wissenschaftlichen Fortschritt und die authentische Vermittlung der Disziplin. Mit einem Abschluss in Sportwissenschaften an der Deutschen Sporthochschule Köln – spezialisiert auf die Bewegungsvermittlung und Erlebnispädagogik – stellt er dabei besonders den Mehrwert der Sportart in den Bereichen der Persönlichkeitsentwicklung, Therapie und Selbstwirksamkeit heraus. Als Mitglied der „Landesarbeitsgruppe Parkour" des Westfälischen und Rheinischen Turner-Bundes entwickelte er zudem die Trainer-C-Lizenz „Parkour" für den Deutschen Turner-Bund e.V. (DTB).

Aktuell lehrt er Parkour in diversen Kontexten, forscht im Bereich der Sportpsychologie und ist selbst noch immer ein begeisterter Traceur.

Kontaktieren Sie mich:

E-Mail: phholzmueller@gmail.com
Instagram®: @holzelster
YouTube®:   youtube.com/c/philippholzmüller

5   Bildnachweis

Covermotiv: Dalibor Balić.
                      Instagram®: www.instagram.com/dalibor_parkour_reporter/

Covergestaltung: Sannah Inderelst

Innenlayout: Katerina Georgieva

Satz: www.satzstudio-hilger.de

Fotos Innenteil: Tim Aufdemkamp:
                    S. 67, S. 69, S. 71, S. 102, S. 113, S. 115-117, S. 125, S. 131,
                    S. 152, S. 160-161, S. 166-171, S. 173, S. 176-180, S. 182-189,
                    S. 202-204, S. 207-211, S. 214-222, S. 234-237, S. 259-263,
                    S. 267-272, S. 278-281, S. 290

                    Philipp Holzmüller:
                    S. 114, S. 132-136, S. 159, S. 191-195, S 240-244, S. 246-252,
                    S. 256

                    Alle übrigen: siehe in den Fotos

Fotos
Zusatzmaterialien: Tim Aufdemkamp:
                    Der Dash, Der Reverse, Der Palmspin

                    Philipp Holzmüller:
                    Experiment 1, Experiment 2, Experiment 3, Experiment 4,
                    Experiment 5, Der Demi-Tour, Der Climb-up

                    Alle übrigen: siehe in den Fotos

Grafiken Innenteil
und
Zusatzmaterialien: Dennis Karotsch

Videos
Zusatzmaterialien: Tim Aufdemkamp

Lektorat: Dr. Irmgard Jaeger